D1691290

Schriften zum
Planungs-, Verkehrs- und Technikrecht

Herausgegeben von Michael Ronellenfitsch und Klaus Grupp

Band 11

ISSN 1615-813X

Michael Ronellenfitsch / Ralf Schweinsberg (Hrsg.)

Aktuelle Probleme des Eisenbahnrechts VIII

Vorträge im Rahmen der Tagung am 4.-5. September 2002
in Tübingen

Forschungsstelle für Planungs-, Verkehrs- und Technikrecht
an der Eberhard-Karls-Universität Tübingen
in Verbindung mit dem Eisenbahn-Bundesamt
2003

Verlag Dr. Kovač

VERLAG DR. KOVAČ

Arnoldstraße 49 · 22763 Hamburg · Tel. 040 - 39 88 80-0 · Fax 040 - 39 88 80-55

E-mail info@verlagdrkovac.de · Internet www.verlagdrkovac.de

Bibliografische Information Der Deutschen Bibliothek
Die Deutsche Bibliothek verzeichnet diese Publikation
in der Deutschen Nationalbibliographie;
detaillierte bibliografische Daten sind im Internet
über http://dnb.ddb.de abrufbar.

ISSN 1615-813X
ISBN 3-8300-1188-1

© VERLAG DR. KOVAČ in Hamburg 2003

Printed in Germany
Alle Rechte vorbehalten. Nachdruck, fotomechanische Wiedergabe, Aufnahme in Online-Dienste
und Internet sowie Vervielfältigung auf Datenträgern wie CD-ROM etc. nur nach schriftlicher
Zustimmung des Verlages.

Gedruckt auf holz-, chlor- und säurefreiem Papier Alster Digital. Alster Digital ist alterungsbeständig
und erfüllt die Normen für Archivbeständigkeit ANSI 3948 und ISO 9706.

Inhaltsverzeichnis

Aufgabenbereiche des Eisenbahn-Bundesamtes und der Kartellbehörden
Prof. Dr. iur. Michael Ronellenfitsch, Universität Tübingen .... S. 1

Aktuelle Rechtsprechung zum eisenbahnrechtlichen Planfeststellungsrecht
Dr. iur. Ulrich Storost, Richter am Bundesverwaltungsgericht .... S. 51

Die naturschutzrechtliche Eingriffsregelung bei GSM-R-Masten unter Berücksichtigung des § 63 Nr. 3 BNatSchG
Mark Zehe, Assesor jur., Eisenbahn-Bundesamt .... S. 73

Anwendbarkeit und Handhabung der Plangenehmigung gemäß § 18 2 AEG am Beispiel der Errichtung eines neuen Haltepunktes bzw. der Errichtung eines GSM-R-Mastes
Oberregierungsrat Michael Maul, Eisenbahn-Bundesamt .... S. 97

Neue Aufgaben des Eisenbahn-Bundesamtes im Bereich Netzzugang nach dem 2. Eisenbahnrechtsänderungsgesetz
Regierungsrätin Astrid Schmitz, Eisenbahn-Bundesamt .... S. 117

Erfahrungen mit den neuen Planfeststellungs-Richtlinien
Rechtsanwalt Karsten Sommer, Berlin .... S. 125

Vorwort

Der vorliegende Band der Schriftenreihe zum Planungs-, Verkehrs- und Technikrecht enthält die zentralen Referate, die auf der vom Eisenbahn-Bundesamt und der Forschungsstelle für Planungs-, Verkehrs- und Technikrecht an der Eberhard-Karls-Universität Tübingen vom 4. bis 5. September 2002 in der Universität Tübingen veranstalteten, von uns geleiteten Tagung "Aktuelle Probleme des Eisenbahnrechts VIII" gehalten wurden. Die jährlich stattfindenden Tagungen bieten mittlerweile einen Kristallisationspunkt der pluralistischen wissenschaftlichen und praktischen Klärung von Rechtsfragen des sich ständig fortentwickelnden Eisenbahnrechts. Der Tagungsband kann zwar nur einen begrenzten Eindruck des regen Meinungsaustauschs auf der Tagung vermitteln, gibt aber einen guten Überblick über den aktuellen Diskussionsstand in einem Rechtsgebiet, von dem die wichtigsten Impulse des modernen Verwaltungsrechts ausgingen und dessen bleibende Bedeutung immer wieder in das allgemeine Bewusstsein gerufen werden muss. Für den reibungslosen Ablauf der Tagung bis in die späten Abendstunden danken wir den wissenschaftlichen Mitarbeiterinnen und den Mitarbeitern am Lehrstuhl für Öffentliches Recht Rebecca Dorn, Stéphanie Rischar, Stefanie Rausch, Nikolai Warneke, Dirk Gaupp sowie namentlich der Lehrstuhlsekretärin Marietta Gabriele Jährling. Die aufwändige Bearbeitung des Tagungsbands besorgte erneut Nikolai Warneke.

Tübingen und Bonn,   Michael Ronellenfitsch
15. Juli 2003   Ralf Schweinsberg

Prof. Dr. Michael Ronellenfitsch, Universität Tübingen

Aufgabenbereiche des Eisenbahn-Bundesamtes und der Kartellbehörden

I. Problemstellung

Der vorliegende Beitrag will nicht nur eine organisationsrechtliche Aufgabenbeschreibung zweier Bundesbehörden vermitteln, sondern knüpft an Probleme an, die auf den früheren eisenbahnrechtlichen Fachtagungen schon punktuell erörtert oder gestreift wurden (erinnert sei nur an den Puttgarten-Streit und an die damit verbundene Streckenzuweisungsdiskussion[1] oder an die gemeinschaftsrechtlichen Beiträge[2] einschließlich der Daseinsvorsorgethematik[3]) und die hier im Rahmen des ersten Themenblocks etwas *grundsätzlicher* angegangen werden sollen, zumal die jüngste Aufgabenentwicklung des EBA dessen Selbstverständnis an der Wurzel berührt.

Die Ankündigung, „grundsätzlicher" zu werden, mag Abwehrreaktionen bei eingefleischten Praktikerinnen und Praktikern provozieren, dient sie doch häufig als salvatorische Klausel für realitätsfernes Theoretisieren. Aber selbst eingespielte Verwaltungsübungen laufen Gefahr, irgendwann, für die Praxis überraschend, gerichtlich kassiert zu werden. Überraschungsentscheidungen,

---

[1] Vgl. *Ronellenfitsch*, Der Netzzugang fremder Verkehrsträger zu eisenbahnrechtlich gewidmeten Hafenanlagen, in: Ronellenfitsch / Schweinsberg (Hrsg.), Aktuelle Probleme des Eisenbahnrechts VI, 2000, S. 29 ff.; *Pöhle*, AEG-Novelle, ebd. S. 257 ff.
[2] *Kämmerer*, Gemeinschaftsrechtliche Vorgaben für das Eisenbahnwesen in den Mitgliedstaaten, ebd., S. 75 ff.; *Dernbach*, Umsetzung gemeinschaftsrechtlicher Vorgaben in das nationale Recht, ebd., S. 87 ff.
[3] Vgl. *Nettesheim*, Daseinsvorsorge, Europarecht, Gewährleistungsfunktion, in: Ronellenfitsch / Schweinsberg, Aktuelle Probleme des Eisenbahnrechts VII, 2002, S.125 ff.

jedenfalls der höheren Instanzen, kämen jedoch in 90% der Fälle gar nicht überraschend, wenn man sich in der Verwaltung der dogmatischen Grundsätze des eigenen Verhaltens bewusst wäre. Die restlichen 10% der Überraschungsentscheidungen beruhen darauf, dass diese dogmatische Grundsätze von den Gerichten selbst formuliert werden müssen, weil die Wissenschaft insoweit ihre Bringschuld nicht oder mangelhaft erfüllt hat. Ein Beispiel ist § 30 des renommierten Lehrbuchs „Kartellrecht" von *Volker Emmerich* in der 9. Auflage aus dem Jahr 2001. Dort werden die Zugangsregelungen zur Eisenbahninfrastruktur unter der Überschrift „Sektorspezifische Kartellaufsicht" abgehandelt: Zu § 14 AEG heißt es:

> „Die praktischen Auswirkungen der ganzen Regelung sind bisher vernachlässigenswert, weil die DBAG, ohne dass dem das Eisenbahnbundesamt einen nennenswerten Widerstand entgegensetzte, mit Erfolg alles nur Erdenkliche unternimmt, um das Aufkommen privater Konkurrenz in ihrem Netz zu verhindern – mit der Folge einer ständigen, mittlerweile nur noch als skandalös zu bezeichnenden Verschlechterung der Bahndienste."[4]

Eine falsche, fachfremde Theorie kann eine gute Praxis zu Unrecht schlecht machen. Damit kann die Praxis leben. Aber jede Praxis ist nur so gut, wie die Theorie, auf der sie originär beruht. Diese *theoretische Fundierung der Tätigkeit des EBA* insbesondere mit Blick auf die Gewährleistung des Zugangs zur Eisenbahninfrastruktur soll anschließend aus der Perspektive des öffentlichen Eisenbahnrechts geleistet werden.

Hierfür besteht um so mehr Anlass, weil das EBA am 28. August 2002 eine *Presseerklärung* mit der Überschrift abgab: „Neues Eisenbahnrecht – neue Aufgabe des Eisenbahn-Bundesamtes". Im Text ist dann allerdings von der „Erweiterung" der Aufgaben und Befugnisse des EBA durch die zum 1. Juli 2002 in Kraft getretenen Änderungen eisenbahnrechtlicher Vorschriften die Rede. Der Verdacht drängt sich trotzdem auf, dass das EBA selbst, von den Kartellrechtlern infiziert, für sich die Aufgabe der *sektorspezifischen Wettbewerbsaufsicht* reklamiert.

Um das Ergebnis vorwegzunehmen: Das 2. Eisenbahnrechtsneuordnungsgesetz hat die originäre Aufgabe des EBA zur Infrastrukturgewährleistung konkretisiert, ohne das EBA systemfremd, komplementär zum BKartA, zu einer zweiten Wettbewerbsbehörde umzufunktionieren.

II. Verfassungsrechtliche Stellung, Aufgaben und Funktionen des Eisenbahnbundesamts und des Bundeskartellamts

1. Allgemeines

a) Ausgangslage

EBA und BKartA erscheinen bei vordergründiger Betrachtung wie Zwillinge. Das EBA ist eine dem BMVBW unterstehende selbständige Bundesoberbehörde (§ 2 Abs. 1 BEVVG) mit einstufigem Verwaltungsaufbau, einer Zentrale in Bonn[5] und ursprünglich fünfzehn[6], nunmehr zwölf Außenstellen[7] an fünfzehn Standorten.

---

[4] S. 336. Zum Beleg wird u.a. auf den Tätigkeitsbericht des BKartA 1997/1998, S. 143 ff. verwiesen.
[5] Vorgebirgsstraße 49, 53119 Bonn.
[6] Organisationserlass zum Eisenbahn-Bundesamt vom 31. 12. 1993 (VkBl 1994 S.90).
[7] Seit 1. 1. 2001.

Das BKartA ist einem dem BMWi unterstehende Bundesoberbehörde ebenfalls mit Sitz in Bonn[8]. Beim BKartA bestehen elf Beschlussabteilungen. Es unterliegt den dienstlichen allgemeinen Weisungen des Ministers[9]. Ob das auch für konkret verfahrensbezogene Einzelweisungen gilt, ist wegen der justizförmigen Verfahrensgestaltung durch Beschlussabteilungen fraglich[10].

Im Hinblick auf die Zulassung zur Eisenbahninfrastruktur scheinen sich Aufgaben, Zuständigkeiten und Befugnisse beider Bundesbehörden zu überlappen. Wenig hilfreich ist auch der gesetzestechnisch schludrige Sprachgebrauch im neuen § 14 Abs. 3a Satz 3 bis 5 AEG. Die marktbeherrschenden Infrastrukturunternehmen sehen sich nach dem „Vier-Augenprinzip" von zwei Seiten in die Zange genommen. An die Stelle der administrativen Gewaltenteilung tritt die Gewaltenpotenzierung. Da Zwillinge aber nicht automatisch am gleichen Strang ziehen und zu Eifersüchteleien neigen, kann sich die Gewaltpotenzierung auch aufheben und zu widersprüchlichen Entscheidungen führen. Beide missliche Ergebnisse gilt es zu vermeiden. Das Bild von Zwillingsbehörden mit Komplementärzuständigkeiten und -befugnissen ist schief. Vielmehr handelt es sich um zwei *Sonderbehörden des Bundes,* deren generelle Aufgabenstellung klar unterschieden werden muss und kann.

b) Organisationsrechtliche Grundbegriffe

Bei organisationsrechtlichen Betrachtungen werden häufig Begriffe wie „Aufgabe", „Kompetenz", „Zuständigkeit" und „Befugnis" vermengt[11].

---

[8] Kaiser-Friedrich-Str. 16; 53113 Bonn.
[9] Vgl. § 52 GWB.
[10] *Emmerich*, Kartellrecht, S. 362.
[11] Vgl. bereits *Ronellenfitsch*, Unfalluntersuchung im Bereich der Eisenbahn durch Private, in: Blümel / Kühlwetter, Aktuelle Probleme des Eisenbahnrechts III, 1997, S. 109 ff. (118).

Auszugehen ist vom Alltagsbegriff der Zuständigkeit: Jemandem „steht etwas zu", etwas wird zugeordnet. Im Organisationsrecht umschreibt die *Aufgabe* ein Zuordnungsziel. Sodann kommt es auf die Zuordnung hier einer Verwaltungsaufgabe zu einem Träger dieser Aufgabe an. Dabei muss man unterscheiden,

- um welche Aufgabe es geht,
- wer Träger dieser Aufgabe ist und
- wie sich die Beziehung des Trägers der Aufgabe zur Aufgabe darstellt.

Daraus folgen die Rechtsbegriffe der Kompetenz und der Zuständigkeit. Die *Kompetenz* bezeichnet das *Objekt* der Beziehung, das was zusteht. (Frage: Woran besteht die Kompetenz?)[12]. Objekt der Verwaltungsaufgaben können Gegenstände des öffentlichen und des privaten Rechts sein. Die *Zuständigkeit* bezeichnet die Beziehung subjektiver Berechtigungen und Verpflichtungen zu ihrem *Subjekt*. (Frage: Wer ist zuständig?). Fallen Kompetenz und Zuständigkeit auseinander, besteht eine Zuständigkeit zur Wahrnehmung einer fremden Kompetenz, wird aus der Zuständigkeit nur eine „Wahrnehmungszuständigkeit"[13].

Die Zuständigkeitsordnung ist normativ vorgegeben. Die Zuständigkeitsregelungen sind unter dem Gesichtspunkt des rechtsstaatlichen Gebots klarer

---

[12] Vgl. *Georg Jellinek*, System der subjektiven Rechte, 1905, S. 227: „Das Maß staatlicher Funktionen, das durch ein Staatsorgan pflichtgemäß zu versehen ist, bildet seine Kompetenz." Zutreffen betont *Jellinek,* ebd,, dass die Kompetenz stets objektives Recht ist.
[13] *Terrahe,* Die Beleihung als Rechtsinstitut der Staatsorganisation, Diss. Münster 1961, S. 38 f.

und fester Zuständigkeitsabgrenzungen auszulegen. So gebietet es das Rechtsstaatprinzip, Doppelzuständigkeiten zu vermeiden[14].

Die Aufgabenerfüllung hängt davon ab, dass die Aufgabenzuweisung durch *Befugnisnormen* ergänzt wird, da nur diese zu Eingriffen in Rechte der Bürger ermächtigen.

Sonderbehörden verfügen über die Kompetenz zur Erfüllung besonderer Aufgaben[15]. Diese fächern sich regelmäßig in Einzelaufgaben auf. Das Gepräge der Sonderbehörden wird jedoch durch eine *spezifische generelle Aufgabenzuweisung* bestimmt.

2. EBA

a) Generelle Aufgabenstellung

Die Aufgaben des EBA sind in § 3 BEVVG katalogförmig zusammengestellt. Dabei handelt es sich aber bei näherem Zusehen eher um Zuständigkeitsregelungen[16]. Die Materie, die dem EBA *generell* zugewiesen ist, betrifft die Eisenbahnverkehrsverwaltung des Bundes. Diese Aufgabe wird, soweit das BEVVG nichts anderes bestimmt, vom BMVBW oder von einer von ihm bestimmten Stelle wahrgenommen[17]. Das EBA ist für die Aufgaben der Eisenbahnverkehrsverwaltung errichtet. Was *inhaltlich* die Eisenbahnverkehrsverwaltung ausmacht, d.h. auf welchen gemeinsamen Nenner sich die Aufgaben

---

[14] *Krüger,* Allgemeine Staatslehre, 2. Aufl., 1966, S. 108; *Stettner,* Grundfragen der Kompetenzlehre, S. 306; OVG NW v.13.9.1995 - 13 A 3687 /94 - OVGE 45, 95.
[15] Zur „Sonderung im Verwaltungszweck" *Hatschek / Kurtzig,* Lehrbuch des deutschen und preußischen Verwaltungsrechts, 7./8. Aufl., 1931, S. 85.
[16] Korrekt § 2 des Organisationserlasses vom 31. Dezember 1993 (VkBl. 1994 S. 90).
[17] § 1 Abs. 1 BEVVG.

der Eisenbahnverkehrsverwaltung bringen lassen, ist damit noch nicht gesagt. Eine Annäherung an eine generelle Aufgabenzuweisung enthielt der jetzt aufgehobene § 3 Abs. 1 BEVVG, der das EBA als Aufsichts- und Genehmigungsbehörde bezeichnete. Zutreffend hebt hierauf der Präsident des EBA im Vorwort der EBA-Homepage nach wie vor ab[18]. Im Vorgriff lässt sich festhalten, dass spezifische Aufgabe des EBA die *Eisenbahnaufsicht* ist. Im Übrigen bedarf die generelle Aufgabenstellung des EBA noch der Präzisierung. Hierauf wird zurückzukommen sein.

Schon an dieser Stelle sei der Hinweis erlaubt, dass die generelle Aufgabenstellung des EBA wenig mit dem *„Leitbild des Eisenbahn-Bundesamtes"* zu tun hat, mit dem sich das EBA im Internet präsentiert[19]. Selbst wenn man den Werbecharakter dieses EBA-Katechismus berücksichtigt, weist das Selbstverständnis des EBA eine erschreckende staatsideologische Unterbilanz auf, die sogar im anglo-amerikanischen Rechtskreis befremdlich wirken würde. Dort erbringt der public service (vom service public in Frankreich ganz zu schweigen) keine kundenorientierte Service-Leistungen, sondern trifft Recht und Gesetz entsprechend korrekte *Verwaltungsentscheidungen*. Die generelle Aufgabenstellung des EBA besteht nicht in der Erbringung von Service-Leistungen auf dem Gebiet des Eisenbahnwesens, sondern in der Umsetzung des Staatswillens. Beim Reichseisenbahnamt hat man seinerzeit bedauert, dass es auf eine „kontemplative Kontrolle" beschränkt war, dass sein Einfluss „mehr moralischer als behördlicher", dass es nur eine „freundlich beratende" Behörde, ein „Messer

---

[18] Vgl. *Stuchly*, http://www.eisenbahn-bundesamt.de/start.html.
[19] Ebd.

ohne Klinge" sei[20]. Auch das BEVVG hat nicht die Funktion einer Kampfhundeverordnung, deren Zweck es ist, das EBA an die Leine zu legen.

b) Zuständigkeit

Der Zuständigkeitskatalog des § 3 Abs. 1. BEVVG weist dem EBA einzelne *Aufgaben der Eisenbahnverkehrsverwaltung* zu. Das gilt für die Planfeststellung, die Eisenbahnaufsicht, die Bauaufsicht für Betriebsanlagen, die Zuständigkeit für Betriebsgenehmigungen, die Tätigkeiten im Zusammenhang mit dem Bundesschienenwegeausbaugesetz und die Untersuchungen für Störungen des Eisenbahnbetriebs. § 3 Abs. 1 Nr. 5 BEVVG ermöglicht die Wahrnehmung fachfremder Zuständigkeiten nach „anderen Gesetzen". Das tertium comparationis wurde bei der Novelle teilweise gestrichen. Gemeint ist weiterhin neben dem BEVVG das AEG.

c) Rechtsgrundlagen

Das EBA hat Eisenbahnrecht zu *vollziehen*. Im engeren Sinn sind damit die Vorschriften gemeint, die auf der Grundlage von Art. 73 Nr. 6a, 74 Nr. 23 GG ergangen sind. Die Vorschriften beziehen sich auf den *Verkehr von Eisenbahnen und die hierfür erforderliche Infrastruktur*. Auf der Grundlage dieser Gesetzgebungskompetenzen sind am 27. Dezember 1993 das Allgemeine Eisenbahngesetz[21], das Bundeseisenbahnverkehrsverwaltungsgesetz[22] und das

---

[20] Abg. *Perrot*, RT v. 5.12.1881, StenB S. 213; Abg. *Frh v. Minnigerode*, RT v. 25.1.1883, StenB S. 1059; Abg. *Schrader*, TR v. 16.2.1909, StenB, S. 7008; Abg. *List*, TR v. 21.2.1913, StenB S. 3994; vgl. auch *Triepel*, Die Reichsaufsicht, 1917, S. 712.
[21] BGBl I S. 2378, 2396, ber. 1994 I S. 2439).
[22] Gesetz über die Eisenbahnverkehrsverwaltung des Bundes (BGBl. I S. 2378, 2394)

Bundeseisenbahnneugliederungsgesetz[23] ergangen, alle jetzt in der Fassung des Zweiten Gesetzes zur Änderung eisenbahnrechtlicher Vorschriften vom 21. Juni 2002 (BGBl I S. 2191). Ergänzt werden die Gesetze durch zahlreiche eisenbahnspezifische Rechtsverordnungen.

Die von Art. 87 e Abs. 2 GG eröffnete Möglichkeit, die Verwaltungskompetenz des Bundes auf Eisenbahnen zu erstrecken, die nicht Eisenbahnen des Bundes sind, impliziert keine dynamische Verweisung auf *Landesrecht*. Verfassungsrechtlich bedenklich sind daher § 5 Abs. 2 Satz 3 AEG, § 3 Abs. 3 BEVVG, die dem EBA die Wahrnehmung der Landeseisenbahnaufsicht nach *Weisung* des jeweiligen Landes überträgt. Wenn man sich überlegt, dass Art. 87 e Abs. 2 GG insbesondere eingefügt wurde, um die Bahnpolizeikompetenz des BGS umfassend zu erhalten[24], wird die Fragwürdigkeit der Regelung offenbar. Der BGS hat auch hinsichtlich der Eisenbahnen, die nicht Eisenbahnen des Bundes sind, das BGSG anzuwenden. Entsprechend gilt für auch das EBA das Verbot eines Bundesvollzugs von Landesrecht[25]. Der Bundesauftragsverwaltung kann keine spiegelbildliche Landesauftragsverwaltung korrespondieren. Dass das EBA – wie jeder Private auch – Landesrecht zu beachten hat, versteht sich von selbst.

3. BKartA
a) Generelle Aufgabenstellung
Das GWB enthält keine generelle Aufgabenzuweisungsnorm für das BKartA. Die generelle Aufgabenstellung wird dadurch umschrieben, dass es sich beim

---

[23] Gesetz zur Zusammenführung und Neugliederung der Bundeseisenbahnen (BGBl I S. 2378, ber. 1994 I S. 2439).
[24] BT-Drs 12/5015, S. 7.

BKartA um eine *Kartellbehörde* handelt. Generelle Aufgabe des BKartA ist die *Kartellaufsicht*. Auch hier muss die inhaltliche Präzisierung noch geleistet werden.

b) Zuständigkeit

Das BKartA ist neben den Landeskartellbehörden und dem BMWi für die Anwendung und Durchsetzung des Kartellrechts zuständig[26]. Die Zuständigkeitsverteilung zwischen den Kartellbehörden ergibt sich aus § 48 Abs. 2 GWB. Neben bestimmten ausschließlichen Zuständigkeiten ist das BKartA konkurrierend zuständig, wenn die Wirkung einer Wettbewerbsbeschränkung – und sei es auch nur marginal – über das Gebiet eines Bundeslandes hinausreicht. Die Zuständigkeit der Beschlussabteilungen richtet sich in erster Linie nach Wirtschaftsbereichen.

c) Rechtsgrundlagen

Das BKartA hat, wie der Namen schon sagt, in erster Linie *Kartellrecht* anzuwenden. Das Kartellrecht dient dazu den Wettbewerb zu schützen. Die Bezeichnung „Kartellrecht" ist einerseits zu eng. Wettbewerbsbeschränkungen können nicht nur durch Kartelle, d.h. durch Absprachen zwischen Wettbewerbern beeinträchtigt werden, sondern auch durch die missbräuchliche Ausnutzung starker Marktstellungen. Andererseits umfasst das Kartellrecht nicht das individualschützende Unlauterkeitsrecht. Es kann somit nicht mit dem Wettbewerbsrecht insgesamt gleichgesetzt werden[27]. Das Kartellrecht in diesem Sinn ist jüngeren Ursprungs. Im 19. Jahrhundert hielt man Kartellabsprachen für

---

[25] BVerfGE 21, 312 (327 f.).
[26] § 48 GWB.
[27] Vgl. *Commichau / Schwartz*, Grundzüge des Kartellrechts, 2. Aufl., 2002, Rn. 2 ff.

zulässig[28]. Die Rezession der 70er Jahre jenes Jahrhunderts bewirkte zwar einen Meinungsumschwung. Aber selbst die 1923 endlich geschaffene Kartellverordnung[29] enthielt lediglich ein zahnloses Missbrauchsverbot. Deutschland blieb das Land der Kartelle. Erst die Alliierten führten 1947 mit ihren Dekartellierungsgesetzen ein Kartell- und Monopolisierungsverbot ein[30], das ebenfalls lediglich auf einige Branchen bezogen durchgesetzt wurde. Westdeutschland fand dadurch immerhin Anschluss an die Rechtsentwicklung der westlichen Industriestaaten. Seit 1950 begannen Bemühungen um eine eigenständige deutsche Kartellgesetzgebung zwischen grundsätzlichem Kartellverbot und bloßer Missbrauchskontrolle. Einen Ausgleich schuf das GWB 1957[31], das am 1. Januar 1958 in Kraft trat und seither mehrfach geändert worden ist. 1998 erfolgte eine Runderneuerung und Anpassung an das europäischen Kartellrecht unter Einbindung des Vergaberechts. Das neue GWB[32] trat am 1. Januar 1999 in Kraft. Daneben, genauer vorrangig, gilt das gemeinschaftsrechtliche Wettbewerbsrecht (Art. 81, 82 und 86 EG), das seit 1989 vom BKartA direkt anwendbar ist, sofern die betreffende Wettbewerbsbeschränkung ihren Schwerpunkt im Inland hat. Das gemeinschaftsrechtliche primäre Wettbewerbsrecht ist durch ein reichhaltiges Sekundärrecht konkretisiert. Zum GWB spielen Ausführungsverordnungen bislang keine Rolle. Eine Besonderheit stellen die Bekanntmachungen und Merkblatter des BKartA nach § 53 Abs. 1 Satz 3 GWB dar.

---

[28] RGZ 38, 155 (158 ff.).
[29] Notverordnung vom 2.11.1923 (RGBl I S. 1067, 1090).
[30] Am. MRG Nr. 56 vom 28.1.1947; brit. VO Nr. 96 vom 9.6.1947; franz VA Nr. 96 vom 9.6.1947.
[31] Gesetz gegen Wettbewerbsbeschränkungen vom 27.7.1957 (BGBl. I S. 1081).
[32] Gesetz vom 26. 8. 1998 (BGBl I S. 2546).

4. Folgerungen

- Wie alle Sonderbehörden dürfen EBA und BKartA grundsätzlich nur innerhalb ihres ihnen gesetzlich zugewiesenen Aufgabenkreises tätig werden. Der Aufgabenkreis wird bestimmt durch eine spezifische Aufgabenstellung und benannte Einzelaufgaben. Spezifische Aufgabe des EBA ist die Eisenbahnaufsicht, spezifische Aufgabe des BKartA ist die Kartellaufsicht. Im Rahmen dieser generellen Aufgabenstellung gestalten Eisenbahnrecht und Kartellrecht die Aufgaben des EBA bzw. BKartA näher aus.

- Die Rechtsgrundlagen der Eisenbahnaufsicht und Kartellaufsicht betreffen unterschiedliche Gegenstandbereiche, die sich wechselseitig nicht ausschließen. Sie sind daher grundsätzlich parallel anwendbar. Nur bei gleicher Zielsetzung der Vorschriften (Kriterium: Interessenkonformität), kommt eine Spezialitätsverhältnis – etwa in Form von Bereichsausnahmen – in Frage. Das GWB gilt indessen seit seiner 6. Novelle auch für die Verkehrswirtschaft. Erst recht enthält das Gemeinschaftsrecht keine Bereichsausnahme. Lediglich nach der Spezialregelung des § 12 Abs. 7 AEG sind Verkehrsunternehmen von Kartellverbot und von dem Konditionen- und Preisbindungsverbot freigestellt, wenn sie den Zielen des AEG dienen und bei der jeweiligen Genehmigungsbehörde angemeldet worden sind.

- Aus der parallelen Anwendbarkeit des Eisenbahn- und Kartellrecht folgt eine parallele Aufgabenstellung von EBA und BKartA. Welche Aufgaben EBA und BKartA im Überschneidungsbereich konkret verfolgen, ergibt sich aus den erwähnten Rechtsgrundlagen. Ausgeschlossen ist jedoch wegen der generell unterschiedlichen Aufgabenstellung eine Doppelzuständigkeit.

- Je nachdem, worauf die Aufgaben im Überschneidungsbereich sich konkret beziehen, bestehen exklusive unterschiedliche Zuständigkeiten und Befugnisse, mögen die Ergebnisse für die Gewaltunterworfenen („Kunden") auch auf das Gleiche hinauslaufen.

- Bei der Eisenbahnaufsicht und Kartellaufsicht handelt es sich um Staats- und Verwaltungsaufgaben, mit denen unterschiedliche Interessen verfolgt werden. Diese unterschiedliche Interessenlage bestimmt die Stoßrichtung von Eisenbahnaufsicht und Kartellaufsicht und ist für deren Abgrenzung ausschlaggebend.

III. Öffentliche und private Interessenverfolgung im Eisenbahnwesen

1. Rechtliche Struktur des Eisenbahnwesens

Mit dem Eisenbahnwesen beschäftigen sich eine Vielzahl von Rechtsvorschriften aus nahezu allen Rechtsbereichen. In erster Linie ergibt sich die rechtliche Struktur des Eisenbahnwesens aus den spezifischen Bestimmungen, die den Eisenbahnbetrieb und die Eisenbahninfrastruktur betreffen. Solche Bestimmungen sind auf der Ebene des Gemeinschaftsrechts, des Verfassungsrechts und des einfachen Bundes- und Landesrechts angesiedelt. Sie umfassen Fragen der Eisenbahnhoheit, der Vermögenszuordnung, der Verwaltungskompetenzen, der gewerblichen Betätigung u.dgl. und sind nur im *Gesamtzusammenhang* verständlich.

So begründete Art. 87 Abs. 1 Satz 1 GG a. F. nicht nur die Verwaltungszuständigkeit des Bundes, sondern zwang den Bund von Verfassungs wegen zum Betrieb von Bundeseisenbahnen, freilich nur im Rahmen der wirtschaftlichen, technischen und gesellschaftlichen Entwicklung[33]. Eine umfassende materielle Privatisierung war damit ausgeschlossen. Auch eine Organisationsprivatisierung kam nicht in Betracht. Schaffung und Unterhaltung der Infrastruktur waren ebenso wie die Verkehrsangebote Leistungen der Daseinsvorsorge. Auch die zivilrechtlichen Beförderungsverträge unterlagen öffentlich-rechtlichen Bindungen. Die DB hatte auch als Wirtschaftsunternehmen ihre gemeinwirtschaftlichen Aufgaben zu erfüllen.

In diesen Ordnungsrahmen fügte sich die VO (EWG) Nr. 1191/69 des Rates über das Vorgehen der Mitgliedstaaten bei mit dem Begriff des öffentlichen Dienstes verbundenen Verpflichtungen auf dem Gebiet des Eisenbahn-, Straßen- und Binnenschiffsverkehrs vom 26. Juni 1969[34] i. d. F. der VO (EWG) Nr.1893/91[35] ein. Eine gemeinschaftsrechtliche Weichenstellung in Richtung auf mehr Wettbewerb im Eisenbahnwesen brachte erst die RL 91/440/EWG, die auch eine beschränkte Trennung zwischen Fahrweg und Betrieb vorgab und nunmehr durch das Infrastrukturpaket 2000 verschärft wurde[36]. Eine Aufhebung der Gemeinwohlbindung der Eisenbahninfrastrukturunternehmen ist gemeinschaftsrechtlich nach wie vor nicht vorgegeben.

Die deutsche Bahnreform von 1994 beendete die Ära das Staatsbahn in Deutschland, machte aber keineswegs tabula rasa. Der Organisationsprivatisierung, die manche hinsichtlich der Eisenbahninfrastruktur am liebsten wieder rückgängig machen würden, entspricht keine vollständige Aufgaben-

---

[33] Vgl. *Kramer*, Das Recht der Eisenbahninfrastruktur, 2002, S. 33.
[34] ABl L 156 vom 28.6.1969, S. 1.
[35] ABl L 196 vom 29.6.1991, S. 1.
[36] Hierzu *Ronellenfitsch*, Die Umsetzung des Eisenbahninfrastrukturpakets, DVBl. 2002, 657 ff.; *ders.*, Das Eisenbahninfrastrukturpaket in der Umsetzungsphase, (im Druck).

privatisierung. Nicht einmal die Trennung der staatlichen Aufgaben und der Tätigkeit privatrechtlicher Wirtschaftsunternehmen in Art. 87 e GG ist so eindeutig, wie das immer behauptet wird. Dass die Hoheitsaufgaben beim Staat verblieben, versteht sich von selbst. Der Umkehrschluss, dass dann die Eisenbahnunternehmen des Bundes als Wirtschaftsunternehmen sich in vollem Umfang auf die Privatautonomie berufen könnten und dass der Staat *nur* Hoheitsaufgaben zu erfüllen hätte, ist aber verfehlt. Der Bund hat nicht von ungefähr nach Art. 87 e Abs. 3 Satz 2 und Abs. 4 GG Einflussmöglichkeiten behalten[37]. Zumindest hinsichtlich der Schieneninfrastruktur ist es beim unmittelbaren Daseinsvorsorgeauftrag geblieben. Die Schaffung, Erhaltung und Öffnung der Eisenbahninfrastruktur *dient weiterhin dem Gemeinwohl schlechthin* und nicht nur dem Wettbewerb der Eisenbahnverkehrsunternehmer. Dass *daneben* die Eisenbahninfrastruktur- und -verkehrsunternehmen als Wirtschaftsunternehmen dem allgemeinen Wettbewerbsrecht unterliegen, versteht sich von selbst. Von mir aus kann man hier von Eisenbahnwettbewerbsrecht sprechen und dieses sektorale Wettbewerbsrecht dem Eisenbahnrecht zuschlagen. Im Eisenbahnrecht besteht damit eine Gemengelage öffentlich- und privatrechtlicher Normen, die dem Staat nicht nur Hoheitsaufgaben zuweisen und Wirtschafsunternehmen unternehmerische Freiheit eröffnen, sondern auch Aufgaben der Daseinsvorsorge zuordnen und den Wettbewerb regulieren.

Die für die Materie des Eisenbahnwesens bestehenden unterschiedlichen Normenkomplexe folgen unterschiedlichen Regelungsprinzipien, die nicht

---

[37] Aufgabenzuweisungen implizieren zwar keine Eingriffsbefugnisse. Einflussmöglichkeiten setzen aber eine Aufgabenzuweisung voraus.

durcheinander gebracht werden dürfen, sonst gerät das Gesamtgefüge in Schieflage. Dies gilt namentlich für das öffentliche und private Eisenbahnrecht.

2. Öffentliches Recht und Privatrecht

Das Eisenbahninfrastrukturrecht ist weiterhin im öffentlichen Recht verortet[38]. Es gelten öffentlich-rechtliche Grundsätze. Öffentlich-rechtliche stehen im Gegensatz zu privatrechtlichen Grundsätzen, wobei die auf das römische Recht zurückgehende Unterscheidung von öffentlichem und privatem Recht, die sich im römisch-rechtlich beeinflussten Rechtskreis ohnehin nur in unterschiedlicher Intensität durchsetzte, niemals trennscharf geglückt ist. Das hängt damit zusammen, dass die Unterscheidung unterschiedlichen Zwecken dient, wie etwa der Abgrenzung der Gerichtszweige oder der Definition staatlicher Handlungsformen. Die zahlreichen Abgrenzungstheorien widersprechen sich daher in der Regel nicht, sondern betonen Einzelaspekte. Die Subjekstheorie liefert trotz ihres tautologischen Charakters zumeist brauchbare Ergebnisse, wenngleich die Subordinationstheorie das durch das Gewaltmonopol geprägte Staat / Bürger –Verhältnis besser zum Ausdruck bringt. Den kategorialen Unterschied von öffentlichem und privatem Recht betonte aber bereits *Ulpian*, von dem die berühmte Digestenstelle D 1,1,1 stammt. Danach verfolgt der Staat seine Interessen öffentlich-rechtlich, während der Private, abgesondert, eben privatim, seine eigenen Interessen mit den Mitteln des Privatrechts verfolgen darf[39]. Die so umschriebene *Interessentheorie* schließt nicht aus, dass der Staat

---

[38] *Kramer*, S. 52.
[39] Huius studii duae sunt specificationes, publicum et privatum. Publicum ius est quod ad statum rei Romanae spectat, privatum quod ad singulorum utilitatem: sunt enim quaedam publice utilia, quaedam privatim" Sinngemäß übersetzt: „Es gibt zwei Spezifikationen des Rechts entweder im öffentlichen oder privaten Sinn. Das öffentliche Recht ist auf das römische Gemeinwesen bezogen, das private auf die Interessen (Nutzen) der einzelnen; es

sich der Regelungen des Privatrechts bedienen darf. Er bleibt dann aber an das Gemeinwohl gebunden. Umgekehrt können Private zum Schutz anderer Privater Gemeinwohlbindungen unterworfen werden. Sie handeln dann jedoch immer noch im privaten Interesse. Öffentlich-rechtlich sind die Regelungen, die den Interessen des Staates und der Allgemeinheit dienen, privatrechtlich sind die Regelungen, die das Verhalten Privater in deren eigener Interessensphäre regeln. Diese interessenorientierte Unterscheidungen korrespondiert mit den Zielsetzungen des modernen Verfassungsstaats.

3. Verteilungsprinzip; Privatautonomie; Wettbewerb
a) Verteilungsprinzip

Der mit dem bürgerlichen Rechtsstaat identische Verfassungsstaat geht von der grundrechtlich geschützten Rechtposition des Einzelnen aus, in die der Staat nur ausnahmsweise beschränkend eingreifen darf. Dabei gilt es Freiheit und Eingriffsbefugnisse zu verteilen[40]. Dem Verteilungsprinzip dient das Organisationsprinzip der Gewaltenteilung: Die begrenzte staatliche Macht wird geteilt und in einem System exakt umschriebener Kompetenzen erfasst. Das Verteilungsprinzip findet seinen Ausdruck in benannten und unbenannten Grundrechten. Nach klassisch liberalem Verständnis sind Grundrechte Abwehrrechte aus einem vorgegebenen Urzustand. In diesem Urzustand herrschen aber die Gesetze der Natur, nicht das Naturrecht. Der Stärkere setzt

---

gibt nämlich jeweils gewisse öffentliche und private Interessen." Vom Privatrecht ist das Zivilrecht zu unterscheiden, das in Inst.1,2 als Gegenbegriff zu Naturrecht und Völkerrecht gebracht wird und von *Behrends/ Knütel / Kupisch / Seiler*, Corpus iuris civilis - Die Institutionen, 1993, S. 2 irreführend als Synonym für "Bürgerliches Recht" verwendet wird.

[40] *Carl Schmitt*, Verfassungslehre, 1928, S. 126 beschreibt das Verteilungsprinzip wie folgt: „ die Freiheitssphäre des Einzelnen wird als etwas vor dem Staat Gegebenes vorausgesetzt, und zwar ist die Freiheit des Einzelnen prinzipiell unbegrenzt, während die Befugnis des Staates zu Eingriffen in diese Sphäre prinzipiell begrenzt ist."

sich durch[41]. Damit das nicht passiert, schafft der Verfassungsstaat die Voraussetzungen für ein zivilisiertes Zusammenleben, indem er die Macht über die Bürger bündelt, begrenzt und kontrollierbar macht und sie Privaten entzieht. Auch die grundsätzlich gewährleistete Privatautonomie darf somit nicht faktisch zur Unterwerfung der Mitbürger führen.

b) Privatautonomie

Die Privatautonomie, verstanden als das Recht des einzelnen, seine Lebensverhältnisse im Rahmen der Rechtsordnung durch Rechtsgeschäfte eigenverantwortlich zu gestalten[42], ist tragendes Element einer freiheitlichen Verfassungsordnung. Gemeint ist aber nicht die Handlungsfreiheit im Urzustand, sondern die gleiche Entscheidungsfreiheit aller in der Zivilgesellschaft. Privatautonomie kann als Instrument gesellschaftlicher Machtausübung genutzt werden und gefährdet dann die Privatautonomie Dritter. Privatautonomie ist in intersubjektiven Rechtsbeziehungen zweiseitig. Zur Privatautonomie gehören Entscheidungsalternativen. Diese erfordern Wettbewerb. Wettbewerb funktioniert freilich nicht aus sich selbst heraus, sondern bedarf ebenso wie das Privateigentum staatlicher Garantien. Die drei Säulen einer freiheitlichen Wirtschafts- und Gesellschaftsordnung, Privatautonomie, Privateigentum und Wettbewerb, gehören nicht nur untrennbar zusammen, sondern setzen den Staat voraus.

Der Staat wiederum hat nicht nur Privatautonomie, Eigentum und Wettbewerb zu garantieren. Vielmehr muss er diese Schutzgüter mit anderen Gütern

---

[41] Die Verankerung des Tierschutzes als Staatsziel ist das Unnatürlichste, was man sich vorstellen kann.

abwägen[43]. Dabei ist zu klären, in welchem Umfang, und damit auch zu welchem Zweck er diese schützt.

c) Wettbewerb

(1) Funktion

Zur Bedeutung des Wettbewerbs für Privatautonomie und Gemeinwohl müssen wenige Andeutungen genügen. Allein mit der Frage, was Wettebewerb ist, beschäftigen sich viele Fachdisziplinen. In rechtlicher Hinsicht steht dagegen die Frage im Vordergrund, warum Wettbewerb schutzwürdig ist, d.h. die Frage nach seiner gesellschaftspolitischen Funktion. Auszugehen ist von der Beobachtung, dass der Wettbewerb am besten die Bedürfnisbefriedigung gewährleistet. Menschen haben so unterschiedliche Bedürfnisse, dass die zur Erfüllung aller Wünsche benötigten Waren- und Dienstleistungen niemals in ausreichendem Maß verfügbar sein können[44]. Als *Ordnungsprinzip*, auf dessen Grundlage dem Mangel an begehrten Leistungen am besten begegnet werden kann, hat sich der Wettbewerb bewährt. Der Wettbewerb steuert das Angebot an Waren und Dienstleistungen nach den Präferenzen der Nachfrager. Die Preise richten sich nach Angebot und Nachfrage. Um Kosten zu senken, müssen sich die Unternehmer um den wirtschaftlichsten Einsatz ihrer Leistungsmittel bemühen.

---

[42] Vgl. auch BVerfGE 8, 274 (328); 10,89 (99); 12, 341 (347); 29, 260 (267); 50, 290 (366); 60 329 (339); 70, 115 (123); 72, 155 (170).

[43] Dies verkennt das bei Wettbewerbsrechtlern verbreitete Vorurteil, der größte Feind des Wettbewerbs sei der Staat, so dass die wichtigste Voraussetzung für möglichst viel Wettbewerb die Beseitigung der zahlreichen staatlichen Wettbewerbshindernisse sei; vgl. *Emmerich,* Kartellrecht, 9. Aufl., 2001, S. 3.

[44] *Klein,* Konkurrenz auf dem Markt geistiger Freiheiten, 1990, S. 29 f.

Der Wettbewerb verhindert ferner den Aufbau endgültiger Machtpositionen[45] und sorgt dadurch für eine einigermaßen gleichmäßige Machtverteilung in Wirtschaft und Gesellschaft.

Die Vorteile des Wettbewerbs kommen nur zum Tragen, wenn die Grundvoraussetzungen des freien Zugangs zum Markt und der Möglichkeit freier wirtschaftlicher Betätigung gegeben sind. Die Funktionsfähigkeit des Wettbewerbs hängt nicht zuletzt von seinen rechtlichen, staatlich sanktionierten Rahmenbedingungen ab.

(2) Rechtliche Ausgestaltung

Die *europäische Wirtschaftsverfassung* betont den ordnungspolitischen „Grundsatz einer offenen Marktwirtschaft mit freiem Wettbewerb" (Art. 4 Abs. 2 EG)[46]. Eine Rechtsordnung, die sich zu diesem Ordnungsprinzip bekennt, muss die Grundvoraussetzungen des Wettbewerbs sicherstellen. So umfasst die Tätigkeit der EU nach Art 3 g EG „ein System, das den Wettbewerb innerhalb des Binnenmarkts vor Verfälschungen schützt."

Auch wenn das Grundgesetz wirtschaftpolitische neutral sein sollte, wie üblicherweise angenommen wird[47], lässt sich die Affinität der Grundrechte zum Wettbewerbsprinzip nicht leugnen[48]. Der Wettbewerbsgedanke prägte schon vor Erlass des Grundgesetzes die deutsche Rechtsordnung. Seit jeher gilt aber auch die Beobachtung, dass ein autonomer Wettbewerb zu Verfälschungen tendiert,

---

[45] So *Emmerich*, Kartellrecht, 9. Aufl. 2001, S. 2.
[46] Vgl. zum Gesamtzusammenhang *Badura*, Wandlungen der europäischen Wirtschaftsverfassung, EuR Beiheft 1/2000, S. 45 ff.
[47] Vgl. *Tettinger*, Verfassungsrecht und Wirtschaftsordnung, DVBl. 1999, 679 ff.
[48] *Ronellenfitsch*, Selbstverantwortung und Deregulierung im Ordnungs- und Umweltrecht, 1995, S. 23.

auf staatlichen Schutz angewiesen ist[49] und staatlicher *Eingriffe bedarf*. Mit den staatlichen Eingriffen beschäftigt sich die Wettbewerbstheorie, die sich weitgehend auf eine Preistheorie reduzierte und dem Leitbild vollständiger Konkurrenz hinterherlief. In der Realität gibt es keine Märkte, die dem Ideal vollständiger Konkurrenz entsprechen. Daher versuchte man, dem Ideal mit Macht nahe zu kommen, bis *John M. Clark* die moderne Gegengiftthese entwickelte[50]. Die Gegengiftthese besagt, dass die Beseitigung von Unvollkommenheiten nicht immer zu optimalen Ergebnissen führt. Sinnvoller ist es dann, die Unvollkommenheiten durch die Schaffung weiterer Unvollkommenheiten zu bekämpfen. Wettbewerb wird danach nicht auf einen Schlag hergestellt, sondern ist ein *dynamischer Prozess*, mit dem vorübergehende Machtpositionen einzelner Unternehmer vereinbar sind, sofern der Marktzugriff für Konkurrenten offen bleibt. Ob man daraus Workability-Konzepte ableitet, wie das zeitweilig geschah[51], ob man sich mit *v. Hayek* für eine weitgehende Wettbewerbsfreiheit stark macht[52] oder ob man mit der Chicago-School auf die Selbstheilungskräfte des Wettbewerbs vertraut und nur künstliche Marktzutrittschranken bekämpft[53], kann dahinstehen. Nach keinem dieser Konzepte sind staatliche Interventionen per se mit einer am Markt orientierte Wirtschaftsordnung unvereinbar. In dieses System staatlicher Interventionen sind die Kartellbehörden und das ihnen zu Gebote stehende Instrumentarium eingepasst.

---

[49] Vgl. auch *Pieroth / Schlink*, Grundrechte. Staatsrecht II, 16. Aufl., 2000, Rn 815. Zu Konkurrenz durch kommunale Unternehmen BVerwG, Beschluss vom 21.3.1995 – 1 B 211/94 -, NJW 1995, 2938.
[50] American Economic Review 30 (1940), 241 ff.; 45 (1955), 450 ff.
[51] Nachweise bei *Emmerich*, S. 6 ff.
[52] Die Verfassung der Freiheit, 1971, S. 30 ff.
[53] Nachw. bei *Emmerich*, S. 9 ff.

(3) Schranken

Sind staatliche Eingriffe zur Erhalt des Wettbewerb zulässig, dann bedeutet es auch keinen Systembruch, die Bedürfnisbefriedigung der Bevölkerung nicht *ausschließlich* dem Wettbewerb zu überantworten[54]. Als Ordnungsprinzip ist Wettbewerb kein Selbstzweck[55], sondern lediglich *Mittel zur Erreichung anderer Zwecke*. Die zu ordnenden Wirtschaftsbereiche erfordern eine jeweils auf sie zugeschnittene spezifische Ausformung des maßgeblichen Wettbewerbsmodells. In vom Daseinsvorsorgegedanken geprägten Lebensbereichen können auch nicht-wettbewerbskonforme Maßnahmen zur sozialgerechten Steuerung des Markts vorgesehen werden.

4. Gefahrenabwehr, Daseinsvorsorge, Regulierung
a) Allgemeines

Die bürgerbezogenen staatlichen Aufgaben können sich auf die *Gefahrenabwehr* und auf die *Daseinsvorsorge* beziehen. Die Aufgabenzuweisung der Gefahrenabwehr und Daseinsvorsorge auf bestimmte Aufgabenträger besagt noch nichts über die Art und Weise der Aufgabenerfüllung und verleiht den Aufgabenträger nicht automatisch die erforderlichen Befugnisse zur konkreten Aufgabenerfüllung. Die kompetenzrechtlichen Komplementärbegriffe sind die der Eingriffs- und Leistungsverwaltung. Der das Verhalten Privater betreffende Begriff ist der der Regulierung.

---

[54] *Basedow*, Von der deutschen zur europäischen Wirtschaftsverfassung, 1992, S. 14.
[55] *Koenig*, Die öffentlich-rechtliche Verteilungslenkung, 1994, S. 37.

b) Gefahrenabwehr

Über die notwendige Staatsaufgabe der Gefahrenabwehr[56] und ihre Querverbindungen zur Eisenbahnaufsicht habe ich auf der 3. Eisenbahnrechtlichen Fachtagung 1997 ausführlich referiert[57]. Hierauf kann pauschal verwiesen werden. Die Diskrepanzen zwischen Aufgabenzuweisung und den zur Aufgabenerfüllung erforderlichen Eingriffsbefugnissen hat man seither durch das 2. Eisenbahnrechtsneuordnungsgesetz zu beheben versucht. § 5a AEG spricht jetzt von Aufgaben und Befugnissen der Eisenbahnaufsichtsbehörden. Eine für die Gefahrenabwehr adäquate Befugnisnorm ist leider immer noch nicht zu Stande gekommen: Statt zu bestimmen, dass die Einsenbahnaufsichtbehörden innerhalb der durch das Recht gesetzten Schranken zur Wahrnehmung ihrer Aufgaben zur Gefahrenwehr und -vorsorge diejenigen Maßnahme zu treffen haben, die ihnen nach pflichtgemäßem Ermessen erforderlich erscheinen, werden die Eisenbahnaufsichtsbehörden in § 5a Abs. 2 AEG nur für befugt erklärt, im Rahmen ihrer Aufgabe Eisenbahnverkehrsunternehmen und Eisenbahninfrastrukturunternehmen anzuweisen, die in § 5 Abs. 1 AEG genannten Vorschriften einzuhalten. Die nur reaktive Gefahrenabwehr, die mit der im Verlauf der Entwicklung des Polizeirechts[58] erfolgten überzogenen Verengung des Polizeibegriff verbunden war, und die durch die „Entdeckung" der Risikovorsorge notdürftig ausgeglichen wurde, wird noch weiter auf eine polizeiliche Kontrollfunktion verkürzt. Die Novelle bleibt somit auf dem Stand des Beschlusses des Bundesverwaltungsgerichts vom 12. Oktober 1994[59] stehen.

---

[56] Hierzu jüngst umfassend *Möstl*, Die staatliche Garantie für die öffentliche Sicherheit und Ordnung, 2002.
[57] In: Blümel / Kühlwetter, Aktuelle Probleme III, S. 109 ff.
[58] Hierzu ausführlich *Ronellenfitsch*, Selbstverantwortung und Deregulierung im Ordnungs- und Umweltrecht, 1995, S. 11 ff.
[59] 7 VR 10/94, NVwZ 1995, 379.

Das mag für die Untersuchung gefährlicher Ereignisse berechtigt sein. Im Zusammenhang mit der Gefahrenabwehr ist die Eisenbahnaufsicht aber nicht nur Aufsicht, sondern eigenständige Verwaltung. Sie beruht nicht nur auf dem „ius supremae inspectionis", sondern auch auf dem „ius politiae", das *Johann Stephan Pütter*, der Begründer des modernen Polizeibegriffs, in seinen „Insitutiones iuris publici Germanici" von 1770, als den Teil der Staatsgewalt (ea supremae potestatis pars) bezeichnete, der zur vorsorgenden Abwehr von im Staatsinnern für die Allgemeinheit zu befürchtenden künftigen Übeln (cura avertendi mala futura in statu reipublicae interno in commune metuenda) ausgeübt wird[60].

Dieser Sorgeaspekt der Staatstätigkeit, die „cura", spielt nach der Überwindung des polizeistaatlich allumfassenden Wohlfahrtszwecks eine Rolle vor allem bei der Daseinsvorsorge, die von der Eisenbahnaufsicht ebenfalls umfasst wird. Gerade hier zeigt sich, dass die Eisenbahnaufsicht nicht nur eine im engeren Sinn kontrollierende Aufsicht bedeutet. Wie bei der Schulaufsicht umfasst die Eisenbahnaufsicht vielmehr auch Gestaltungs- und Leitungsbefugnisse des Staates. Die Eisenbahnaufsicht ist, so wie es das Grundgesetz vorgibt, staatliche Eisenbahnverkehrsverwaltung.

c) Daseinsvorsorge

(1) Dogmatische Vorgaben

Der Rechtsbegriff der Daseinsvorsorge reflektiert auf der Ebene des einfachen Rechts, in erster Linie des Verwaltungsrechts, die Vorgaben des nationalen Verfassungsrechts und des Gemeinschaftsrechts.

---

[60] § 321.

Vom Schöpfer des Rechtsbegriffs war das nicht so gedacht. Für *Forsthoff*, der das Konzept der Daseinsvorsorge zwischen 1935[61] und 1938[62] entwickelte, war die Daseinsvorsorge Verwaltungsaufgabe *und* nur auf der Ebene des Verwaltungsrechts verankert. Dem damaligen Ungeist entsprechend, musste *Forsthoff* die Daseinsvorsorge im Kampf gegen die liberale Begriffswelt[63] von der Verfassungsebene fernhalten. Nach Inkrafttreten des Grundgesetzes bezog *Forsthoff* die extreme Gegenposition und verteidigte den liberalen Rechtsstaat gegen sozialstaatliche Verwässerungen[64] ebenfalls auf der Verfassungsebene. Gerade dort zeigt sich aber die Bedeutung der Daseinsvorsorge. Das Grundgesetz hat sich für den *Staat* als Organisationsform des sozialen Zusammenlebens entschieden. Der Staat wird im Außenverhältnis durch bestimmte Elemente, im Innenverhältnis durch seine *Zwecke* definiert. Als Verfassungsstaat garantiert der moderne Staat vorrangig die individuelle Freiheit[65]. Da Freiheit ohne Schranken sich selbst auflösen würde, muss der Staat die gebotenen Freiheitseinschränkungen vornehmen. Die mit der Ausübung der Staatsgewalt verbundenen Freiheitseinschränkungen bedürfen der Legitimation. Die staatlichen Zwangsbefugnisse werden legitimiert, wenn sie zum Zweck der staatlichen Selbstbehauptung und zur Wahrung der kulturellen

---

[61] Das neue Gesicht der Verwaltung und die Verwaltungsrechtswissenschaft, Deutsches Recht 1935, 331 f.; Von den Aufgaben der Verwaltungsrechtswissenschaft, ebd., S. 398 ff.
[62] Die Verwaltung als Leistungsträger, 1938
[63] Vgl. *Forsthoff*, Der totale Staat, S. 7. „Immerhin war der totale Staat zunächst die liberal formulierte, antiliberale Gegenposition. Erst jetzt, nach Erledigung des Liberalismus, kann das Eigenrecht dieses neuen Staates auch über die polemischen Bezüge hinaus erkannt und entwickelt werden."
[64] Worum es geht, wird in dem Roman von *Dean Koontz*, Dark Rivers of the Heart, New York 1994, S. 179 treffend zum Ausdruck gebracht: „Civil order was not sustainable in a society populated by rugged individualists. The dependency of people was the source of the state's power, and if the state didn't have enormous power, progress could not be achieved or peace sustained in the streets."
[65] Vgl. nur *Böckenförde*, Verlust des Standhaften in jeder Hinsicht, FAZ 172/27-7-2001, S.7.

Identität ausgeübt werden, wenn sie kollidierende individuelle Freiheitsrechte zum Ausgleich bringen[66] und namentlich wenn sie den individuellen Freiheitsgebrauch erst ermöglichen. Die individuelle Freiheit schließt nach dem erwähnten Verteilungsprinzip soziale Bindungen nicht aus[67]. Garant der Freiheit kann der Staat im sozialen Rechtsstaat nur sein, wenn er soziale Mindeststandards *und* eine adäquate Infrastruktur gewährleistet[68]. Sozialstaatliche Daseinsfürsorge und rechtsstaatliche Daseinsvorsorge ergänzen sich. Sie zählen zu den Staatszwecken des sozialen Rechtsstaats.

Diese Staatszwecke werden durch originäre *Staatsaufgaben* konkretisiert. Originäre Staatsaufgaben sind die Aufgaben, die der Staat erfüllen *muss*. Hierbei wäre es anachronistisch, allein die Aufgaben als originäre Staatsaufgaben einzuordnen, die nur hoheitlich erfüllt werden können. Dem modernen Staat obliegen auch Leistungsaufgaben. Diese bestehen gegenüber allen, nicht nur den

---

[66] Vgl. *Isensee*, Das staatliche Gewaltmonopol als Grundlage und Grenze der Grundrechte, in: Festschrift für Horst Sendler 1991, S. 39.
[67] Vgl. die zeitgebunden überzogene Kritik *Forsthoffs* am liberalen Freiheitsverständnis in: Der totale Staat, 1933, S. 1: „Eine politische Haltung, die kein eigentliches Gemeinschaftsbewusstsein kennt, die keine Beziehung zu Volk und Volkstum, zu Ehre, Würde und Tradition hat, kann die Staatsorganisation nur rechtfertigen als eine Versicherung auf größtmögliche Ungestörtheit in der privaten Existenz, die man Freiheit nannte. Der liberale Staat rechtfertigte sich aus dem sogen. status negativus (individuellen Freiheitsbereich) des Staatsbürgers."
[68] Vgl. insgesamt *Hermes*, Staatliche Infrastrukturverantwortung. Rechtliche Grundstrukturen netzgebundener Transport- und Übertragungssysteme, 1997. Die Kritik an dem zutreffenden konzeptionellen Ansatz von Hermes durch Engel, Die privatnützige Enteignung als Steuerungsinstrument, Die Verwaltung 1998, 543 ff. geht fehlt, weil dieser die privatnützige Enteignung nur als Regulierungsinstrument bei Marktversagen versteht. Marktversagen betrifft aber die Wettbewerber auf gleicher Ebene. Die Enteignung ist dagegen ein Zwangszugriff im Hoheitsverhältnis zum unmittelbaren Wohl der Allgemeinheit. Seit die „Dulde-und-liquidiere"-Mentalität überwunden ist, greift der öffentlich-rechtliche Primärrechtsschutz des betroffenen Eigentümers weiter als der privatrechtliche Sekundärrechtsschutz. Den Primärrechtsstreit über die Anwendung von §§ 904, 906 BGB zu bestreiten, wäre ein anachronistischer Systembruch.

sozial schwachen. Der Begriff der Appropriation, den *Forsthoff* von *Max Weber*[69] übernommen hatte, bringt dies zum Ausdruck, wenn man ihn als Gegenbegriff zur Expropriation, also zur Enteignung versteht. Dann geht es um die mehr oder weniger abgestufte Aneignung fremder Eigentumspositionen. Versorgungs- Transport-, Kommunikations- und Entsorgungsnetze mögen dank privater Initiative entstehen. Zwangsweise durchsetzen könne Private solche Netze nicht. Ein Enteignungsrecht kommt Privaten nicht zu. Sie sind darauf angewiesen, dass der Staat in ihrem Interesse enteignet, weil sie auf die Mitbenutzung fremden Eigentums angewiesen sind. Eine Enteignung ist aber nur zum Wohl der Allgemeinheit zulässig. Wo obendrein Private nicht in der Lage sind, einer flächendeckende Infrastruktur aufzubauen und dem Markt zu öffnen, besteht eine entsprechende Verpflichtung des Staates. Die Daseinsvorsorgeaufgaben kann der Staats nicht dem freien Spiel der Kräfte überlassen darf. *Wie* und von wem die Aufgaben wahrgenommen werden, ist von nachrangiger Bedeutung[70]. Auch eine unternehmerische Betätigung kommt in Betracht. Erforderlich ist dann aber, dass sich im Wettbewerb eine ausreichende Erfüllung der Daseinsvorsorgeaufgabe sicherstellen lässt. Ausreichende Erfüllung bedeutet, dass die grundrechtlich abgesicherten Lebensbedürfnisse zu erschwinglichen Preisen befriedigt werden. Wie weit im Einzelnen die Daseinsvorsorge reicht, ist eine Frage der Ausgestaltung des einfachen Rechts.

---

[69] Vgl, *Max Weber*, Wirtschaft und Gesellschaft, S. 33. Die Gleichsetzung von privater und appropriierter Verfügungsgewalt findet sich auf S. 69.
[70] Vgl. aber zu dem wichtigen Gesichtspunkt, was mit der Vergesellschaftung an "Öffentlichem" verloren geht Winter (Hrsg.), Beiträge des Kolloquiums zu Ehren von Rinken, Das Öffentliche heute, 2002.

(2) Gemeinschaftsrecht

Die Europäische Gemeinschaft ist zwar nur eine Staatenverbindung, nimmt aber für sich auch im Binnenbereich Elemente der Staatlichkeit in Anspruch. Auch sie wird nicht nur durch den Binnenmarkt, sondern nicht zuletzt durch Erfüllung von Daseinsvorsorgeaufgaben im Interesse der Gemeinschaftsbürger legitimiert, so dass jetzt Unterstützungen im Hinblick auf die Flutschäden nicht nur integrationsfördernd, sondern gemeinschaftsrechtlich geboten wären. Zu denken ist insbesondere an finanzielle Unstützung bei der Wiederherstellung der transeuropäischen Verkehrsinfrastruktur. Der Ausrichtung der Europäischen Gemeinschaft auf eine wettbewerbsorientierte Marktwirtschaft stellt jedenfalls Art. 86 EG die „Dienstleistungen von allgemeinem wirtschaftlichen Interesse" entgegen. Diese Dienstleistungen werden vielfach immer noch als Fremdkörper im europäischen Binnenmarkt betrachtet, obwohl sich seit 1993 das Europäische Parlament bemüht, die Stellung der unmittelbar dem Gemeinwohl verpflichteten Unternehmen aufzuwerten. Die Bemühungen führten zur Einfügung von *Art. 16* in den Europäischen Gemeinschaftsvertrag durch den Amsterdamer Vertrag. Die Hinzufügung von Art. 16 EG stellt trotz der Formulierung „Unbeschadet der Artikel 7, 86 und 97 ..." das Verhältnis von Wettbewerb und „Diensten von allgemeinem wirtschaftlichen Interesse" auf ein neues Fundament. Der Wettbewerbsgedanke wird zwar nicht ganz verdrängt, jedoch kommt den Diensten von allgemeinem Interesse besondere Bedeutung zu[71]. Die „Dienste von allgemeinem wirtschaftlichen Interesse" werden für den deutschen Sprachraum als „Dienste der Daseinsvorsorge" bezeichnet[72]. Die Übersetzung mit „Daseinsvorsorge" stammt vom deutschen Sprachdienst, der diesen Ausdruck für die Mitteilung der Europäischen Kommission „Leistungen der

---

[71] Zutreffend *Streinz*, Der Vertrag von Amsterdam, EuZW 1998, 137 ff.

Daseinsvorsorge in Europa" vom September 1996[73] verwendete. In anderen Sprachfassungen der Mitteilung war von „services of general interest" oder „services d'intérêt general" die Rede, die die Franzosen kurzerhand mit ihrem service public gleichsetzten, der damit funktionell der deutschen Daseinsvorsorge angenähert wurde. Eine gegenständliche Beschreibung der Daseinsvorsorge war mit der Mitteilung nicht verbunden. Bereits in der Mitteilung war aber festgelegt worden:

„Leistungen der Daseinsvorsorge (oder gemeinwohlorientierte Leistungen) sind marktbezogene oder nichtmarktbezogene Tätigkeiten, die im Interesse der Allgemeinheit erbracht und daher von den Behörden mit spezifischen Gemeinwohlverpflichtungen verknüpft werden".

Im Text der Mitteilung (Tz 45) wurde Daseinsvorsorge als die mit dem Begriff des öffentlichen Dienstes zusammenhängenden Leistungen i. S. v. (ex) Art. 77 EGV verstanden. Die Gegenstände der Daseinvorsorge wurden in der Kommissions-Mitteilung indessen ebenso wenig präzisiert wie die Art und Weise der Erfüllung dieser Aufgabe. Gemeinschaftsrechtlich diente der Begriff der Daseinsvorsorge lediglich der Zuordnung gemeinwohlorientierter Leistungen, die eine *Sonderbehandlung* erfordern[74]. Es kann aber kein Zweifel daran bestehen, dass der Eisenbahnpersonenverkehr gemeinschaftsrechtlich zur Daseinsvorsorge zählt.

---

[72] Vgl. nur *Geiger*, EUV/EGV, 3. Aufl., 2000, Art. 16, Überschrift.
[73] „Leistungen der Daseinsvorsorge in Europa" (ABl C 281 vom 26.9.1996, S.3.)
[74] Kritisch *Oettle*, Lücken, Widersprüche und andere logische Mängel in dem richtungsweisenden EU-Kommissionsdokument „Leistungen der Daseinsvorsorge in Europa", in: Helmut Cox (Hrsg), Daseinsvorsorge, S. 57 ff.

Die *Neuformulierung der Mitteilung* vom 20. 9. 2000[75] will an diesem Befund nichts ändern. Sie soll nur der Aktualisierung dienen[76]. Formal trifft das zu. Im Rahmen der Begriffsbestimmungen (Anhang II) sind die „Leistungen der Daseinvorsorge" wortgleich wie bisher umschrieben. Statt die „Dienste von allgemeinem wirtschaftlichen Interesse" des neuen Art. 16 EG zu definieren, wurde sogar die Definition des in Art. 86 EG verwendeten Begriffs der „Dienstleistungen von allgemeinem wirtschaftlichen Interesse" übernommen. Dahinter verbirgt sich nicht nur Beharrungsvermögen, sondern die explizite Absicht, den Wettbewerbsgedanken bei Daseinsvorsorgeleistungen zu verstärken. Seit 1996 haben aus der Sicht der Kommission Erfahrungen in Daseinsvorsorgebereichen, die dem *Wettbewerb* geöffnet worden sind, gezeigt, dass Dienste von allgemeinem wirtschaftlichen Interesse, Binnenmarkt und gemeinschaftliche Wettbewerbspolitik einander ergänzen[77]. Eine Ergänzung im Sinne eines Interessenausgleichs scheidet trotzdem aus. Daseinsvorsorgeauftrag und privatautonome Gewinnmaximierung sind unvereinbar. Aus Primärrecht, namentlich aus Art. 16 EG, folgt im Zweifel der Vorrang der Daseinsvorsorge[78]. Dies klingt in der aktualisierten Mitteilung an In Tz 13 heißt es:

„Der Staat muss sich darüber hinaus fragen, wie er sicherstellen kann, dass die einer Leistung der Daseinsvorsorge zugewiesenen Aufgaben nach einem hohen Qualitätsstandard und möglichst wirtschaftlich ausgeführt werden. Dabei können verschiedene Wege beschritten werden. Bei der Entscheidung darüber, wie die Aufgaben zu erfüllen sind, dürften

---

[75] KOM(2000) 580 endg.
[76] Tz 1.
[77] Tz 3.
[78] Nur bei dieser Prämisse ist die Formulierung in Tz. 18 haltbar: *„Die Einhaltung von Vorschriften des EG-Vertrags, insbesondere der wettbewerbs- und binnenmarktrechtlichen*

insbesondere folgende Kriterien eine Rolle spielen: die technischen und wirtschaftlichen Merkmale der fraglichen Dienstleistung; die Anforderungen der Nutzer; die kulturellen und historischen Eigenheiten des betreffenden Mitgliedstaats."

(3) Nationales Recht

Art. 20 Abs. 1 GG weist dem Staat die Verantwortung für die Mobilitätsgewährleistung im Rahmen der Daseinsvorsorge zu, ohne damit zwingend eine Pflicht zur Leistungserbringung durch die Verwaltung zu begründen. Im Eisenbahnwesen hat jedoch die staatliche Gewährleistungspflicht, in Art. 87 e Abs. 1 Satz 1 GG ihren Niederschlag gefunden hat. Wie vor der Bahnreform hat Art. 87 e Abs. 1 Satz 1 GG nicht nur einen kompetenz-, sondern auch einen aufgabenrechtlichen Bedeutungsgehalt. Dieser besteht nicht nur in der Lenkung des ansonsten freien Wettbewerbs[79], sondern in der Erfüllung der Staatsaufgabe, Gemeingebrauch an der Eisenbahninfrastruktur zu ermöglichen.

d) Regulierung

(1) Allgemeines

„Regulierung" ist kein überkommener Rechtsbegriff. Die Ausdrucksweise entstammt den Wirtschaftswissenschaften, die sich allerdings vorrangig mit der Deregulierung beschäftigen. Bei der Deregulierung geht es hiernach um den Abbau staatlicher Eingriffe in den marktwirtschaftlichen Vorgang der Zuweisung öffentlicher und privater Güter an die Wirtschaftssubjekte und deren

---

Bestimmungen, ist voll und ganz mit den gesicherten Leistungen der Daseinsvorsorge vereinbar."
[79] So aber *Schmidt-Aßmann / Röhl*, DÖV 1994, 577 ff. (583); Kramer, S. 63.

unterschiedliche Zwecke der Güterverwendung[80]. Umgekehrt ist Regulierung der Sammelbegriff für alle notwendigen staatlichen Steuerungsmechanismen und Kontrollen über die privatwirtschaftliche Leistungserbringung[81]. Bei einem so weitgespannten Verständnis umfasst Regulierung die öffentlich-rechtlichen Vorgaben für den Wettbewerb *und* die Einflussnahmen auf den Wettbewerb selbst. Wirtschafts- und Wettbewerbsaufsicht fließen zusammen.

Der Synkretismus der Zwecke verwischt die öffentlichen und privaten Interessen, so dass es vorzuziehen wäre, als reguliert nur den Bereich anzusehen, der der Privatautonomie von vornherein entzogen ist. Jedoch kann nicht ignoriert werden, dass § 2 TKG einen weiteren Begriff der Regulierung verwendet. Fraglich ist, ob sich dieser Begriff auf das Eisenbahnwesen übertragen lässt.

(2) Entwicklung in der Telekommunikation
Der Telekommunikationsbereich ist gekennzeichnet durch die Ablösung des Post- und Fernmeldemonopols und durch eine Wettbewerbsöffnung. Die Ausgangssituation war mit der der Bahn vergleichbar. Art. 87 Abs. 1 GG a.F. und § 1 Abs. 1 PostVerwG[82] erklärten die Organisation Deutsche Bundespost zu einem Teil der unmittelbaren Bundesverwaltung. Diese Konzeption hielt der europäischen Entwicklung[83] nicht stand. Schon 1984

---

[80] *Stobbe*, Mikroökonomik, 2. Aufl., 1991, S. 538.
[81] *Spoerr / Deutsch*, Das Wirtschaftsverwaltungsrecht der Telekommunikation – Regulierung und Lizenzen als neue Schlüsselbegriffe des Verwaltungsrechts?, DVBl 1997, 300 ff. (302).
[82] Gesetz vom 24.7.1953 (BGBl I S. 676)
[83] *Goumagias, Konstantinos*, Die Stellung der Telekommunikation im Europäischen Vertrag, 1998 = Diss. Münster 1997; *Klein, C.*, Die Liberalisierung des Telekommunikationsmarktes in der Europäischen Union unter besonderer Berücksichtigung der Universaldienstgewährleistung in Frankreich und Deutschland, 2000; *Rosenbusch, Christopher*,

beschloss die Kommission ein Aktionsprogramm zur Entwicklung eines gemeinsamen Marktes für Telekommunikationsdienstleistungen[84], das in der Folgezeit fortgeschrieben wurde[85] und in ein umfassendes Regelwerk mündete[86]. Dadurch wurde die Freigabe des Wettbewerbs im Endgerätebereich und die Aufhebung der Netz- und Telefondienstmonopole erreicht. Im nationalen Recht erfolgte die Postreform in Etappen[87]. Die Postreform I im bewirkte die Trennung

---

Marktliberalisierung durch Europarecht: das Beispiel der Telekommunikation, 2001 = Diss. jur. Passau 2000/2001.
[84] Vgl. *Amory*, Telecommunications in the European Communities, EuZW 1992, 75 ff.; *Mark Thatcher*, The Europeanisation of regulation: the case of telecommunications, San Domenico, 1999.
[85] Grünbuch über die Entwicklung des gemeinsamen Marktes für Telekommunikationsleistungen und Telekommunikationsgeräte v. 30.7.1987 (Kom[87]9, 290 end.)
[86] RL 88/301/EWG der Kommission über den Wettbewerb auf dem Markt der Telekommunikations-Endgeräte v. 16.5.1988 (ABl. 1988 Nr. L 131, S. 73); RL 90/387/EWG des Rates zur Verwirklichung des Binnenmarktes für Telekommunikationsdienste durch Einführung eines offenen Netzzugangs (Open Network Provision – ONP) v.28.6.1990 (ABl. 1990, Nr. L 192, S.1; RL 90/388/EWG des Kommission über den Wettbewerb auf dem Markt für Telekommunikationsdienste v. 28.6.1990 (ABl. 1990 Nr. L 192, S.10); RL 96/19/EG der Kommission zur Änderung der RL 90/388/EWG hinsichtlich der Einführung des vollständigen Wettbewerbs auf den Telekommunikationsmärkten v.13.3.1996 (ABl. 1996, Nr. L 74, S. 13); RL 96/19/EG der Kommission v. 13.3.1996 zur Änderung der „Dienstrichtlinie" 90/388/EWG, ABlEG Nr. L 74, S. 13. RL 97/13/EG des Europäischen Parlaments und des Rates über einen gemeinsamen Rahmen für Allgemein- und Einzelgenehmigungen für Telekommunikationsdienste v. 10.4.1997 (ABl. 1996, Nr. L 117, S. 15); RL 98/10/EG des Europäischen Parlaments und des Rates über die Anwendung des offenen Netzzugangs (ONP) beim Sprachtelefondienst und dem Universaldienst im Telekommunikationsbereich in einem wettbewerbsorientierten Umfeld v. 26.2.1998 (ABl 1998, Nr. L 101, S.24); RL 1999/5/EG des Europäischen Parlaments und des Rates über Funkanlagen und Telekommunikationseinrichtungen und die gegenseitige Anerkennung ihrer Konformität v. 9.3.1999 (ABl. 1999, Nr. L 91, S.10)
[87] *Basedow*, Europarechtliche Grenzen des Postmonopols, EuZW 1994, 359 ff.; *Benz*, Privatisierung und Regulierung im Post- und Fernmeldewesen, in: König/Benz (Hrsg.), Privatisierung und staatliche Regulierung, 1997, S. 262 ff.; *Büchner*, Liberalisierung und Regulierung im Post- und Telekommunikationssektor, CR 1996, 581 ff.; ders. (Hrsg.), Post und Telekommunikation: eine Bilanz nach zehn Jahren Reform, 1999; *Fehling*, Mitbenutzungsrechte Dritter bei Schienenwegen, Energieversorgungs- und Telekommunikationsleistungen vor dem Hintergrund staatlicher Infrastrukturverantwortung, AöR 121 (1996), S. 59 ff.; *Haar*, Offener Netzzugang in der Telekommunikation, Kartell- und regulierungsrechtliche Problemlösungen, CR 1996, 713 ff.; *Königshofen*, Private Netze aus fernmelderechtlicher Sicht, ArchivPT 1994, 39 ff.; *Neu*, Marktöffnung im nationalen und

des Post- und Telekommunikationsbereiche. Durch das PoststrukturG[88] wurde das Monopolunternehmen Deutsche Bundespost in die drei öffentlichen Unternehmen Deutsche Bundespost POSTDIENST, Deutsche Bundespost TELEKOM und Deutsche Bundespost POSTBANK untergliedert. Die mit Postreform II betriebene Privatisierung erforderte eine Verfassungsänderung. Nach Art. 87 f n.f. GG, eingeführt durch Gesetz vom 30.8.1994 (BGBl I S. 2245), werden seither Dienstleistungen im Bereich des Postwesen und der Telekommunikation als privatwirtschaftliche Tätigkeiten geführt, auch wenn den Bund eine Gewährleistungspflicht für eine angemessene und ausreichende flächendeckende Versorgung trifft. Der Bereich der Telekommunikation wurde somit dem *Wettbewerb* unterworfen. Da sich aber an den bestehenden Monopolverhältnissen allein im Wettbewerb, gleichsam über Nacht, nichts ändern würde, ging die Liberalisierung mit einer weitgehenden Regulierung einher. Die Regulierung ist aber auch erforderlich, um dem Daseinsvorsorgeauftrag der Telekommunikation Rechnung zu tragen[89]. Das

---

internationalen Postwesen, 1999; *Ossenbühl*, Bestand und Erweiterung des Wirkungskreises der Deutschen Bundespost, 1980; *Rottmann*, Zu den verfassungsrechtlichen Aspekten der Postreform II, ArchivPT 1994, S. 193 ff.; *Schatzschneider*, Privatisierung des Fernmeldehoheitsrechts ?, 1988; *Scherer*, Postreform II: Privatisierung ohne Liberalisierung, CR 1994, 418 ff.; *Scholz / Aulehner*, „Postreform II" und Verfassung – Zu Möglichkeiten und Grenzen einer materiellen oder formellen Privatisierung der Post, ArchivPT 1993, 221 ff.; *Stern*, Postreform zwischen Privatisierung und Infrastrukturgewährleistung, DVBl 1997, 309 ff.; *Vogelsang,* Zur Privatisierung von Telefongesellschaften, 1992; Windisch (Hrsg.), Privatisierung natürlicher Monopole im Bereich von Bahn, Post und Telekommunikation, 1987.
[88] Gesetz v.8.6. 1989 (BGBl I S. 1026)
[89] *Bohne*, Funktionsfähiger Wettbewerb auf den Telekommunikationsmärkten, 1998; *Eifert, Martin*, Grundversorgung mit Telekommunikationsleistungen im Gewährleistungsstaat, 1998 = Diss Hamburg 1998; *Ellger / Kluth,* Das Wirtschaftsrecht der Internatonalen Telekommunikation in der Bundesrepublik Deutschland, 1992; *Elsenbast*, Universaldienst unter Wettbewerb: ökonomische Analyse neuer regulierungspolitischer Ansätze zur Sicherung der postalischen Infrastrukturversorgung, 1999; *Engel*, Der Weg der deutschen Telekommunikation in den Wettbewerb, MMR 3 /1999, Beil. 7; *Kerkhoff / Fuhr*, Regulierung als Voraussetzung für Wettbewerb in den Telekommunikationsmärkten, MMR 1999, 213 ff.;

Post- und Fernmeldewesen galt schon immer als eine Aufgabe der Daseinsvorsorge. Daran hat die Postreform nichts geändert. Die Ermöglichung der Telekommunikation entspricht nicht nur einem Grundbedürfnis des modernen Menschen, sondern ist Voraussetzung für den Gebrauch der Kommunikationsgrundrechte.

Die Regulierung erfolgte durch und auf der Grundlage des TKG[90]. Zweck des TKG ist es, durch Regulierung im Bereich der Telekommunikation[91] den Wettbewerb zu fördern und flächendeckend angemessene und ausreichende Dienstleistungen zu gewährleisten sowie eine Frequenzordnung festzulegen. Die Regulierung der Telekommunikation und der Frequenzordnung stellt nach § 2 Abs. 1 TKG eine *hoheitliche Aufgabe des Bundes.* dar. Die *Regulierungsziele* sind im Katalog des § 2 Abs. 2 TKG aufgelistet[92].

Klodt / Laaser / Lorz / Maurer, Wettbewerb und Regulierung in der Telekommunikation, 1995; Spindler (Hrsg.), Vertragsrecht der Telekommunikations-Anbieter, 2000; *Spoerr / Deutsch*, Das Wirtschaftsverwaltungsrecht der Telekommunikation – Regulierung und Lizenzen als neue Schlüsselbegriffe des Verwaltungsrechts ?, DVBl 1997, 300 ff.; *Wolfens / Gnaak*, Telekommunikationswirtschaft, 1996.

[90] Telekommunikationsgesetz vom 31.7.1996 (BGBl I S.1120).
[91] *Eisenblätter, Tanja*, Regulierung in der Telekommunikation: zum Begriff der Regulierung im TKG unter besonderer Berücksichtigung der Regulierung durch independent agencies in den USA, 2000 = Diss Hamburg; *Hefekläuser*, Telekommunikationsmärkte zwischen Regulierung und Wettbewerb, MMR 1999, 144 ff.; *Möschel*, Regulierungswirrwarr in der Telekommunikation, MMR 1999, Beilage Nr. 3, S. 3 ff.
[92] Der Daseinsvorsorgeauftrag hat Niederschlag gefunden in Nr. 1, erste Alternative und vor allem in Nr. 3. Der Wettbewerbzweck ist in Nr. 2 verankert. Technische Zwecke betreffen die Nr. 5, aber auch Nr. 1. Kontroll- und allgemeine Sicherheitszwecke sind in Nr. 1, zweite Alternative (Wahrung des Fernmeldegeheimnisses) sowie in Nr. 6 eingeflossen. Die Förderung von Telekommunikationsdiensten bei öffentlichen Einrichtungen (Nr. 4) hat wenig mit Regulierung zu tun.

(3) RegTP

Die Regulierungsaufgabe in der Telekommunikation wird wahrgenommen von der Regulierungsbehörde für Telekommunikation und Post (RegTP)[93]. Diese ist ebenfalls eine obere Bundesbehörde im Geschäftsbereich der BMWi mit Sitz in Bonn (§ 66 Abs. 1 TKG). Der Eindruck, dass nun sogar eine Drillingsbehörde neben EBA und BKartA bestehen könnte, kommt wegen der organisationsrechtlichen Besonderheiten der RegTP gleich gar nicht auf. Die RegTP wird geleitet und vertreten von einem Präsidenten, der ebenso wie die beiden Vizepräsidenten auf Vorschlag des Beirats von der Bundesregierung benannt und vom Bundespräsidenten ernannt wird. Dieser Beirat wird bei der RegTP gebildet (§ 67 TKG). Er besteht aus jeweils neun Mitgliedern des Deutschen Bundestags und des Bundesrates[94]. Die RegTP hat generell die Aufgabe, die Regulierung der Telekommunikation und der Frequenzordnung durchzuführen (§ 2 Abs. 1 TKG) und auf die Erfüllung der Regulierungsziele des § 2 Abs. 2 TKG hinzuwirken. In diesem Rahmen stehen ihr gestalterische Aufgabe, Schlichtungsaufgaben und Überwachungsaufgaben zu. Sie erteilt Lizenzen, legt Universaldienstleistungen fest, widerspricht Allgemeinen Geschäftsbedingungen für lizenzpflichtige Telekommunikationsdienstleistungen, die gemeinschaftsrechtlichen Maßstäben nicht gerecht werden, genehmigt Entgelte, ahndet des Missbrauch einer marktbeherrschenden Stellungen, erstellt Frequenznutzungspläne, nimmt Frequenzzuteilungen vor usw. Eine originäre Aufgabe der Regulierungsbehörde stellt die Nummerierung nach § 43 TKG dar.

---

[93] *Oertel*, Die Unabhängigkeit der Regulierungsbehörde nach §§ 66 ff. TKG – Zur organisatorischen Verselbständigung staatlicher Verwaltungen am Beispiel der Privatisierung in der Telekommunikation, 2000.
[94] Die Aufgaben des Beirats gehen nach § 69 TKG über Beratungs- und Kontrollfunktionen hinaus und sind nur mit Mühe mit der horizontalen und vertikalen Gewaltenteilung in Einklang zu bringen. Bei EBA wäre ein vergleichbarer Beirat inakzeptabel.

Das Regulierungsziel „Wahrung der Interessen der Nutzer auf dem Gebiet der Telekommunikation" (§ 2 Abs. 2 Nr. 1 TKG) wird vor allem durch die Garantie erschwinglicher Entgelte für Telekommunikationsdienstleistungen ereicht. Auch hier schneidet sich die Daseinsvorsorgeaufgabe mit dem Wettbewerbsziel. Somit gilt es zu verhindern, dass markbeherrschende Unternehmen ihre Preissetzungsmacht missbrauchen können. Dem dient die allgemeine Entgeltregulierung nach §§ 23 ff. TKG.

Die Regulierungsbehörde entscheidet in den Fällen der §§ 11 und 19 TKG, des Dritten und Vierten Teils des TKG einschließlich Verordnungen, des § 47 Abs. 5 Satz 2 TKG durch Beschlusskammern, die mit Ausnahme der besonderen Beschlusskammern nach Bestimmung des BMWi gebildet werden, durch Verwaltungsakt. Für rechtliche Auseindersetzungen mit der Regulierungsbehörde ist grundsätzlich der Verwaltungsrechtsweg eröffnet. Für Wettbewerbsstreitigkeiten sind die Zivilgericht zuständig. Daneben verbleibt es bei den Zuständigkeiten der Kartellbehörden. Die Parallelzuständigkeit ist hier aber so eng, dass § 82 TKG sogar qualifizierte Mitwirkungsverfahren bei der Entscheidungsfindung vorsieht.

(4) Netzzugang

Telekommunikation setzt den Zugang von Nutzern und Anbietern zu den Telekommunikationsnetzen voraus[95]. Dieser hat aus Gründen der

---

[95] *Engel*, Der Weg der deutschen Telekommunikation in den Wettbewerb, MMR, Beilage Nr. 3, S. 7ff.; *Engel / Knieps*, Die Vorschriften des Telekommunikationsgesetzes über den Zugang zu wesentlichen Leistungen, 1998; *Hefekäuser*, Der gesetzliche Rahmen für Netzzugang und Netzzusammenschaltung, CR 1998, 110 ff.; *Holzhäuser*, Besonderer Netzzugang: Das Verhältnis von § 33 und § 35 TKG, MMR 2000, 466 ff.; *Holznagel / Koenig*, Der Begriff der wesentlichen Leitung nach § 33 TKG, 2001; *Kaufmann*, Rechtsanspruch auf Zugang zu Mehrwertdiensten im Rahmen der Netzzusammenschaltung

Daseinsvorsorge und des freien Wettbewerbs diskriminierungsfrei zu erfolgen. Die Telekommunikationsnetze müssen „offen" sein. Für die technischen, betrieblichen und ökonomischen Bedingungen eines diskriminierungsfreien Netzungsgangs hat sich der aus dem Gemeinschaftsrecht stammende Begriff „Open Network Provision (OPN)" eingebürgert. Dieser ist in den §§ 33 bis 39 TKG geregelt. Hierbei wird zwischen dem allgemeinen Netzzugang (Teilnehmeranschluss) und besonderen Netzzugängen (Zusammenschaltungen und andere Formen des besonderen Netzzugangs) unterschieden. Die Regulierung nach dem TKG soll den Machtmissbrauch von Monopolisten verhindern, verfolgt also wirtschafts- *und* wettbewerbsaufsichtliche Ziele. Die Netzzugangsregelungen beginnen in Ergänzung zur allgemeinen kartellrechtlichen Missbrauchsaufsicht mit einer besonderen Missbrauchaufsicht. Nach § 33 Abs. 1 Satz 1 TKG hat der Inhaber einer essential facility, d.h. ein Anbieter, der auf dem Markt für Telekommunikationsdienstleistungen für die Öffentlichkeit über eine marktbeherrschende Stellung nach § 19 GWB verfügt, Wettbewerbern auf diesem Markt diskriminierungsfrei den Zugang zu seinen intern genutzten und seinem am Markt angebotenen Leistungen zu den Bedingungen zu gewähren, die er sich selbst bei der Nutzung dieser Leistungen einräumt. Dies gilt aber nur für „wesentliche Leistungen". Ausnahmen von dieser Verpflichtung sind nur zulässig, wenn sie sachlich gerechtfertigt sind[96].

---

mit dem marktbeherrschenden Netzbetreiber, CR 1998, 728 ff.; *Riehmer,* Konfliktlösung bei Netzzugang und Zusammenschaltung in der Telekommunikation, MMR 1998, 59 ff.; *Schmittmann / Busemann,* Regulierung der letzten Meile, K&R 2000, 217 ff.; *Wallenberg,* Diskriminierungsfreier Zugang zu Netzen und anderen Infrastruktureinrichtungen, K&R 1999, 152 ff.; *Weißhaar / Koenig,* Anspruch auf Netzzugang und –Zusammenschaltung im Lichte des EU-Rechts, MMR 1998, 475 ff.

[96] § 33 TKG erlaubt die Auferlegung von sachlich gerechtfertigten Beschränkungen bei der Anbindung eines Wegweisersystems in T-Online, auch wenn sich unmittelbar wettbewerbsrelevante Diskriminierungstatbestände bezüglich technischen Zugangs,

Insbesondere ist der Anbieter von Telekommunikationsdienstleistungen an Art. 3 Abs. 2 RL 90/387/EWG gebunden.

(5) Übertragbarkeit

Der weite Regulierungsbegriff des § 2 TKG hat im Eisenbahnrecht keinen Eingang gefunden. Die umfassende, wettbewerbszentrierte Aufgabenstellung der RegTP einerseits, der Verlust von originären Aufgaben wie die der telegrafenrechtlichen Planfeststellung andererseits, rechtfertigt es, die RegTP insgesamt als Regulierungsbehörde firmieren zu lassen. Die Besonderheiten der Telekommunikation erschweren auch eine Trennung von Privatautonomie und Allgemeinwohl, d.h. von privaten und öffentlichen Interessen. Analogiefähig ist diese Situation auf andere Infrastruktureinrichtungen nicht. Sinnvoller ist es, weiterhin von einem engen Begriff der Regulierung auszugehen. Danach bedeutet Regulierung Vorgaben für die Privatautonomie, nicht Gestaltung der Privatautonomie. Das BKartA wäre dann keine Regulierungsbehörde, wohl aber das EBA, soweit es den Daseinsvorsorgeauftrag als Vorgabe der Privatautonomie gewährleistet. Das EBA ist aber nicht nur, und nicht einmal hauptsächlich Regulierungsbehörde, sondern die für die Eisenbahnverkehrsverwaltung des Bundes zuständige Behörde. Betrachtet man das EBA als Behörde mit Regulierungsbefugnissen, dann erfolgen die Regulierungen im Rahmen der Eisbahnaufsicht.

5. Folgerungen

- Das Eisenbahnrecht ist im Gesamtzusammenhang zu sehen, ohne dass die Regelungsprinzipien der Normenkomplexe verwischt werden dürften.

---

technischer Konfiguration des Zugangs und Grads der technischen Komplexität des Zugangs ergeben können; OLG Frankfurt /M., v.23.11.1999 – 11 U (Kart) 1/99, MMR 2000, 559.

- Vor allem die Unterscheidung des öffentlich- und privatrechtlichen Zugriffs ist beizubehalten. Das öffentliche Recht dient der Verwirklichung öffentlicher, das Privatrecht der Verfolgung privatautonomer Interessen.
- Tragende Säule der Privatautonomie ist der Wettbewerb. Im Wettbewerb lassen sich auch öffentliche Belange verfolgen. Der Wettbewerb und die Privatautonomie benötigen um ihrer selbst Willen staatlich sanktionierte Bindungen. Dadurch kommt es zu Systemüberlagerungen von öffentlichem und privatem Recht.
- Für den Bedeutungszuwachs des Privatrechts, der auf den ersten Blick mit Privatisierungen verbunden ist, zahlt das Privatrecht einen hohen Preis. Der Gemeinwohlauftrag kann nämlich nicht kurzerhand aufgegeben werden. Die Folge ist eine Entprivatisierung des Privatrechts[97]. Die Privatautonomie als Leitgedanke des Privatrechts tritt in den Hintergrund. Trotz einer Fixierung auf das Wettbewerbsprinzip im staatlichen Bereich und trotz der Privatisierungsneurose der vergangenen Jahre ist es nicht gelungen und kann es nicht gelingen, sich des verfassungs- und gemeinschaftsrechtlich verankerten Daseinsvorsorgeauftrags zu entledigen, der neben der Gefahrenabwehr die maßgebliche originäre Staatsaufgaben beschreibt.
- Die Verwaltung hat sich im Daseinsvorsorgebereich der Wahrnehmungskompetenzen weitgehend entledigt und auf eine bloße Gewährleistungsfunktion zurückgezogen. Die Wettbewerbsöffnung für Leistungen der Daseinsvorsorge hat aber nur dienende Funktion. Regulierungen des Wettbewerbs bis hin zu seinem völligen Ausschluss und zur Eigenproduktion sind möglich.

---

[97] Ulrich Huber, Studium generale

- Regulierung im Rahmen der Eisenbahnaufsicht können allenfalls den Wettbewerb im Interesse der Endverbraucher instrumentalisieren. Die Wettbewerbsaufsicht schützt dagegen den Wettbewerb selbst.
- Die Befugnisse des EBA im Hinblick auf die Gewährleistung des diskriminierungsfreien Netzungsgangs halten sich „im Rahmen der Eisenbahnaufsicht" (§ 14 Abs. 3 a Satz 1 AEG), die des BKartA im Rahmen der Wettbewerbsaufsicht.
- Anders als die RegTP ist das EBA keine biofunktionale, Elemente der Eisenbahn- und Wettbewerbsaufsicht verbindende, umfassende Regulierungsbehörde.

IV. Befugnisse des EBA und BKartA

1. Allgemeines

Wie erwähnt, sind Gefahrenabwehr und Daseinsvorsorge Aufgabenzuweisungen an den Staat. Die Aufgabenerfüllung erfordert Eingriffsbefugnisse und Wahrnehmungsermächtigungen. Eingriffsverwaltung und Leistungsverwaltung sind keine Synonyme. Das EBA ist eine Behörde der Gefahrenabwehr und der Daseinsvorsorge. Das BKartA wird auf dem Gebiet der Eingriffsverwaltung tätig, erfüllt damit aber Regulierungsaufgaben.

2. EBA

a) Gefahrenabwehr

Das EBA wird primär auf dem Gebiet der Gefahrenabwehr tätig. Dies ist eine hoheitliche Aufgabe. Hierzu verfügt es über Eingriffsbefugnisse. Ob diese immer ausreichen, steht auf einem anderen Blatt. Die der Gefahrenabwehr inadäquate Regelung in § 5 a Abs. 2 AEG wurde bereits angesprochen. Die Aufgabe der Gefahrenabwehr ist eine originäre Staatsaufgabe, die grundsätzlich

Privaten nicht übertragen werden kann, sieht man von den Formen der Beleihung ab.

b) Daseinsvorsorge

Die Daseinsvorsorge fällt unter die Eisenbahnaufsicht. Die Befunisse des § 5 a Abs. 2 AEG und die zur Durchführung der Eisenbahnaufsicht (i.e.S.) bestehenden Duldungspflichten nach § 5 a Abs. 4 AEG und Auskunftspflichten nach § 5 a Abs. 5 AEG sowie die Pflichten nach § 5a Abs. 6 AEG bestehen auch insoweit.

c) Netzzugang

Hinsichtlich des diskriminierungsfreien Netzzugangs wurde mit § 14 Abs. 3a AEG eine spezielle Befugnisnorm geschaffen. Nach Satz 2 dieser Vorschrift hat das EBA dem diskriminierenden Eisenbahninfrastrukturunternehmen aufzugeben, die Beeinträchtigung zu unterlassen. Die weiteren Sätze betreffen die Zusammenarbeit mit dem BKartA. Daraus darf nicht geschlossen werden, dass die Unterlassungsanordnung die einzige Eingriffsbefugnis des EBA im Zusammenhang mit dem Netzzugang wäre. Vielmehr ist auch beim Netzzugang das EBA eine Behörde zur Gewährleistung der Daseinsvorsorge. Seine Aufgabe ist zwar nicht der Schutz des Wettbewerbs, sondern die Aufrechterhaltung der Eisenbahninfrastruktur und des Gemeingebrauchs hieran. Die Eingriffsbefugnisse des § 5 a AEG stehen ihm aber auch insoweit in vollem Umfang zur Verfügung. Notfalls kann sogar im Wege der Ersatzvornehme nach § 5a Abs. 7 AEG i.V.m. § 10 VwVG der Netzzugang angeordnet werden. Die Eingriffsbefugnisse ergehen im Übrigen nicht in einem quasi-justiziellen Verfahren, sondern entsprechen den üblichen Hoheitsbefugnisse von

Verwaltungsbehörden. Anders als beim BKartA und der RegTP findet kein Beschlussverfahren statt. Ministerielle Einzelweisungen sind möglich.

3. BKartA
a) Kartellaufsicht

Das BKartA nimmt nach § 48 Abs. 2 die im GWB den Kartellbehörden übertragenen landerübergreifenden Befugnisse wahr, soweit keine abweichenden Zuständigkeitsregelung bestehen. Einen Katalog aller Befugbisse enthält das GWB nicht. Die Sanktionen der Wettbewerbsverstöße ergeben sich vielmehr aus dem jeweiligen Sachzusammenhang.

b) Missbrauchsaufsicht

Der diskriminierungsfreie Zugang zur Eisenbahninfrastruktur wird wettbewerbsrechtlich durch die Missbrauchaufsicht nach § 19 GWB gewährleistet. Ist ein Eisenbahninfrastrukturunternehmen marktbeherrschend, dann ist ihm die missbräuchliche Ausnutzung dieser markbeherrschenden Stellung verboten. Die Missbrauchstatbestände sind in § 19 Abs. 4 GWB exemplarisch umschrieben. Zu unterscheiden sind der Behinderungsmissbrauch und der Ausbeutungsmissbrauch. Nach § 32 GWB kann die Kartellbehörde, also das BKartA, ein derartiges Verhalten untersagen. Zum Zweck der Untersagung leitet das BKartA ein Verfahren nach den §§ 53 ff. GWB ein. Die Einleitung des Verfahrens steht in seinem Ermessen. Nach der für Verwaltungsrechtler erstaunlichen h. L. im Kartellrecht[98] besteht kein Anspruch des Diskriminierten auf Verfahrenseinleitung, § 19 GWB ist m.a.W. keine Schutznorm. Die Untersagungsverfügung nach § 32 GWB lässt sich nicht in ein Gebot zu einem

---

[98] *Möschel*, in: Immenga / Mestmächer, GWG, 3. Aufl., 2001, § 19 Rn 241.

positiven Tun umwandeln. Von diesem Grundsatz bestehen im praktischen Ergebnis Abweichungen bei der Zugangsentgeltkontrolle. Hier kann die Angabe einer Preisobergrenze zwar so verstanden werden, dass das Überschreiten der Grenze untersagt wird. In Wahrheit wird aber der Höchstpreis positiv festgesetzt. Da das Untersagungsverfahren ein justizähnliches Verfahren nach dem Amtsermittlungsgrundsatz darstellt, bestehen umfassende Beweisermittlungsbefugnisse des BKartA (§§ 57 ff. GWB), die aber immer auf das konkrete Verfahren bezogen sind.

4. Überschneidungen und Zusammenarbeit
a) Überschneidungen
(1) Behinderungsmissbrauch
Insbesondere bei Zugangsbehinderungen der Eisenbahninfrastruktur überschneiden sich die Kontroll- und Eingriffsbefugnisse von EBA und BKartA. Folgt man der hier vertretenen Auffassung, stehen auch dem EBA umfassende Kontrollbefugnisse zu. Es ist nicht nur zu Sanktionen berechtigt, sondern kann prüfen, ob die Sanktionsvoraussetzungen erfüllt sind. Ein analoger Rekurs auf die umfassenden Beweiserhebungsrechte des BKartA nach § 57 GWB ist unnötig. Die Kontrollbefugnisse des EBA gehen sogar weiter. Es kann prüfen, ob die Diskriminierung über den Einzelfall hinaus einen Verstoß gegen die Infrastrukturverantwortung des Eisenbahninfrastrukturunternehmens bedeutet. Darüber hinaus kann das EBA nicht nur negativ die Unterlassung der Diskriminierung aufgeben, sondern positiv die Zulassung zur Infrastruktur fordern.

(2) Ausbeutungsmissbrauch

Der Ausbeutungsmissbrach ist demgegenüber primär eine Angelegenheit der Kartellaufsicht. Schon wettbewerbsrechtlich sind Preiskontrollen problematisch. Die Eisenbahnaufsicht berühren ausbeuterische Preisgestaltungen obendrei nur, sofern sie diskriminierend sind oder den Daseinsvorsorgeauftrag im Eisenbahnwesen gefährden. Im Ürigen fällt die Preiskontrolle nicht unter die Eisenbahnaufsicht.

b) Wechselseitige Abstimmung

Dass EBA und KartA sich bei ihren Entscheidungen wechselseitig abstimmen müssen, folgt schon aus dem Grundsatz der Einheit der Staatsgewalt. Die Abstimmungsregeln in § 14 Abs. 3a AEG haben nur klarstellende Bedeutung. Die im Wege der Aufgabenteilung erfolgte Zuweisung der eher technischen Fragen an das EBA und der wettbewerblichen Fragen an das BKartA, auf die sich beide Behörden geeinigt haben[99], muss nicht falsch sein, wenn sie nicht auf die Teilung der gleichen Aufgaben zur generelleren und spezielleren Erledigung hinausläuft. Vielmehr muss auch bei den Eingriffsbefugnissen berücksichtigt werden, dass EBA und BKartA unterschiedliche Aufgaben erfüllen, die eine Rangordnung implizieren.

c) Rangordnung

Die unterschiedliche Interessenverfolgung von EBA und BKartA schließt eine Rangordnung der jeweiligen Entscheidungen nicht automatisch aus. Eine Pauschallösung, wonach das EBA ausschließlich über Zugangsfragen zu entscheiden hat und das BKartA auf die Kontrolle der Zugangsentgelte

---

[99] Vgl. BKartA TB 1997/98, 30.

beschränkt bliebe, widerspräche den gesetzlichen Regelungen. Es kann somit zu Wertungswidersprüchen kommen. EBA und BKartA ist aber die Orientierung am Gemeinwohl gemeinsam. Beide sind Ausfluss einer einheitlichen Staatsgewalt. Das bedeutet, dass widersprüchliche Ergebnisse zu vermeiden sind. Folglich muss eine Rangordnung bestehen, bei der jedoch keineswegs die Entscheidungen einer der beiden Behörde Vorrang hat. Entscheidend ist der Schwerpunkt der Regelung. Was das EBA an Reglementierungen vorgibt, hat das BKartA zu beachten. Die Missbrauchsaufsicht setzt Wettbewerb voraus. Wo aus Gründen der Daseinsvorsorge Wettbewerb von vornherein ausgeschlossen ist, findet das BKartA keine Handlungsmöglichkeiten. Die Kartellbehörden dürfen auch nicht den Widmungszweck von Eisenbahninfrastruktureinichtungen verändern. Besteht aber Wettbewerb, dann ist für die Ahnung von Wettbewerbsversößen das BKartA die sachnähere Behörde. Was das BKartA als wettbewerbskonform ansieht (Gegengift), kann das EBA nicht für diskriminierend erklären.

5. Folgerung

Die Befugnisse von EBA und BKartA dienen der jeweiligen Aufgabenerfüllung. Sie können sich im praktischen Ergebnis gleichen, verfolgen aber unterschiedliche Ziele.

Der Grundsatz der Einheit der Staastsgewalt verbietet abweichende Ergebnisse bei missbräuchlicher Ausnutzung einer marktbeherrschenden Stellung eines Eisenbahninfrastrukturunternehmens.

Die Entscheidungen des EBA sind dem Wettbewerb vorgeordnet. Daraus ergibt sich insoweit eine Vorrangstellung gegenüber der Kartellaufsicht Das EBA setzt die Rahmenbedingungen, an die sich das BKartA aus einem anderen Blickwinkel halten muss.

Geht es um den Wettbewerb selbst, ist das BKartA die sachnähere Behörde. Für den Ausbeutungsmissbrauch ist vorrangig das BKartA entscheidungsbefugt.

V. Einzelfragen

Wegen der Einzelfragen bin ich auf ihre Mithilfe in der Diskussion angewiesen. Ich habe vorhin auf Ulpian verwiesen. Dieser war Practor und als solcher nicht nur, was sich für ihn als fatal erwies, Chef der Palastwache, sondern für die Fortentwicklung des Rechts verantwortlich. Der Satz „Da mihi factum, dabo tibi ius" ist kein auf die Gerichte zugeschnittener Subsumtionsappell, sondern die Nagelprobe für wissenschaftliche Konzeptionen. Ich bitte darum, dieser Probe unterzogen zu werden. Als diskussionswürdige Einzelfragen biete ich an:

1. Beseitigung von Infrastruktureinrichtungen

Die Beseitigung von gewidmeten Infrastruktureinrichtungen verstößt gegen den Daseinsvorsorgeauftrag der Eisenbahninfrastrukturunternehmen und kann in letzter Konsequenz mit einem Entzug der Infrastruktur sanktioniert werden, der verbunden wird mit einer Übertragung an ein neues Eisenbahnverkehrsunternehmen, das zur Aufrechterhaltung der geforderten Inrastruktur bereit ist.

2. Infrastrukturnutzung während der Betriebsruhezeiten

Sind die Betriebsruhezeiten sachlich geboten und durch die Widmung gedeckt, kann eine Nutzung diskriminierungsfrei verweigert werden.

3. Vermietung kompletter Anlagen an marktführende Unternehmen

An der Eisenbahninfrastruktur besteht grundsätzlich Gemeingebrauch. Die Vermietung kompletter Anlagen läuft auf eine Sondernutzung hinaus, die grundsätzlich nur ausnahmsweise und nur befristet möglich ist.

4. Verhältnis von vertakteten und nicht vertakteten Verkehren

Der Gemeingebrauch an der Eisenbahninfrastruktur soll die Mobilität der Eisenbahnnutzer gewährleisten. Es geht nicht um die Daseinsvorsorge von Eisenbahnverkehrsunternehmen, sondern von uns allen. Vertakteter Verkehr hat somit regelmäßig Vorrang vor nicht vertaktetem Verkehr.

5. Preisgestaltung (Regionalfaktoren)

Die Preiskontrolle ist primär eine Aufgabe des BKartA. Sie betrifft aber die betreibswirtschaftliche Seite. Eine volkswirtschaftliche Kontrolle der Preisgestaltung unter Diskriminierungsaspketen fällt in den Verantwortungsbereich des EBA.

VI. Ergebnis

Das BKartA schützt den Wettbewerb im Interesse der Privatautonomie. Das gilt auch für den Eisenbahnsektor. Aufgabe des EBA ist die Wahrung der dem Bund obliegenden Gemeinwohlbelange im Bereich des Eisenbahnwesens. Dem EBA obliegt dabei die Eisenbahnaufsicht. Die Eisenbahnaufsicht betrifft die Gefahrenabwehr und die Daseinsvorsorge.

Die Entscheidungen des EBA nach § 14 AEG stellen keinen Fall der sektorspezifischen Kartellaufsicht dar, sondern fallen in den Kompetenzbereich der Eisenbahnaufsicht. Dem EBA ist insoweit keine kartellrechtliche „Wahrnehmungszuständigkeit" übertragen. Wie das BKartA keine

Regulierungsbehörde darstellt, ist das EBA keine Wettbewerbsbehörde und sollte sich auch nicht als solche gerieren.

Dr. iur. Ulrich Storost, Richter am Bundesverwaltungsgericht

Aktuelle Rechtsprechung zum eisenbahnrechtlichen Planfeststellungsrecht

I. Einleitung: Schwerpunkte der Rechtsprechung

Auf Ihrer Tagung im letzten Jahr hat Herr Ronellenfitsch über die aktuelle Rechtsprechung zum Fachplanungsrecht berichtet und soll dabei nicht mit Kritik gespart haben[1]. Das ist ein großer Vorteil, den die Freiheit der Wissenschaft dem Hochschullehrer gegenüber dem Richter verschafft. Kritik belebt den Vortrag und schärft die Bereitschaft, sich an der anschließenden Diskussion mit großem Engagement zu beteiligen. Was dem Professor zur Zierde gereicht, wird dem Richter jedoch oft als mangelnde Zurückhaltung negativ angekreidet. Zusätzlich in Verlegenheit gebracht hat mich unser Tagungsleiter durch seine Bitte, ich möge in meinem Bericht "aus dem Nähkästchen plaudern". Das erinnert an schwatzhafte Weiber in öffentlichen Nähstuben und würde mich, wenn ich mutatis mutandis ernst damit mache, in Konflikte mit dem Beratungsgeheimnis und meinen Kollegen am Bundesverwaltungsgericht stürzen. Durch manches offene Wort schon früher unangenehm aufgefallen, mache ich Ihnen deshalb heute den Vorschlag für eine sinnvolle Arbeitsteilung: Ich beschränke mich in meinem Vortrag im wesentlichen auf den Bericht, im Rahmen des rechtlich Zulässigen gewürzt mit ein wenig Gerichtskolorit, und Sie liefern in der anschließenden Diskussion eine lebhafte Kritik der Entscheidungen, über die ich berichte. Sie können dabei sicher sein, daß das Bundesverwaltungsgericht jede

---

[1] Vgl. *Stüer/Hermanns*, Aktuelle Probleme des Eisenbahnrechts VII, in: DVBl. 2001, S. 1653.

Kritik an seinen Entscheidungen nicht nur aufmerksam registriert, sondern – wenn sie konstruktiv ist – auch zum Anlaß nimmt, seine Auffassung bei künftigen Entscheidungen zum gleichen Fragenkreis im Hinblick auf diese Kritik sorgfältig zu überdenken. So können Sie auch heute die künftige Rechtsprechung zum eisenbahnrechtlichen Planfeststellungsrecht durchaus beeinflussen.

Genug der Vorrede ! Mein Bericht betrifft die wichtigsten Entscheidungen des Bundesverwaltungsgerichts im Anschluß an den Rechtsprechungsüberblick, den Ihnen Herr Vizepräsident Hien auf Ihrer vorletzten Tagung im Jahre 2000 gegeben hat[2]. Eine Informationsunterlage, auf der diese Entscheidungen mit ihren Leitsätzen zusammengestellt sind, habe ich für Sie als Erinnerungshilfe verteilen lassen. Die dort aufgeführten Entscheidungen beziehen sich im wesentlichen auf vier Problemkreise, die sich allerdings nur gliederungstechnisch auseinanderhalten lassen und in Wirklichkeit vielfältig miteinander verzahnt sind. Entscheidungen, die nur verfahrensrechtliche Probleme behandeln, sind relativ selten und werden von mir sozusagen vor die Klammer gezogen. Im Mittelpunkt der materiellrechtlichen Rechtsprechungstätigkeit auf dem Gebiet des eisenbahnrechtlichen Planfeststellungsrechts stand und steht der Lärmschutz, der selbstverständlich auch viele verwaltungsverfahrensrechtliche Probleme aufwirft. Ihm soll der Schwerpunkt meiner mündlichen Ausführungen gewidmet sein. Weitere Entscheidungen betreffen Probleme des Erschütterungsschutzes[3] sowie des Naturschutzes und der

---

[2] *E. Hien*, Neue Rechtsprechung zum Eisenbahnrecht, in: Aktuelle Probleme des Eisenbahnrechts VI, Hamburg 2000, S. 1 ff.
[3] Urteil vom 31. Januar 2001 – BVerwG 11 A 6.00 – NVwZ-RR 2001, S. 653 ff.

Landschaftspflege[4]. Da darüber auf Ihrer letztjährigen Tagung bereits ausführlich gesprochen wurde, möchte ich es heute insoweit bei dem schriftlichen Hinweis bewenden lassen, damit genügend Zeit für die Diskussion bleibt.

1. Probleme des Planfeststellungsverfahrens
a) Zuständigkeit für Verpflichtungsklagen auf nachträgliche Schutzauflagen

Durch einen Planfeststellungsbeschluß von 1994 wurde der Plan für einen Abschnitt des viergleisigen Ausbaus der Eisenbahnstrecke Berlin-Hamburg im Hamburger Stadtgebiet einschließlich eines Fußgängertunnels unter der Trasse festgestellt. Besondere Maßnahmen zur Minderung von betriebsbedingten Erschütterungen wurden nicht vorgesehen, da die Planfeststellungsbehörde davon ausging, daß durch die baulichen Änderungen in der Betriebsphase keine erheblichen Erschütterungen und keine Vermehrung der Erschütterungen verursacht würden. Nach Unanfechtbarkeit des Plans und Fertigstellung des Vorhabens beklagte sich der Eigentümer eines Wohnhauses, das nahe der Trasse und dem Fußgängertunnel lag, darüber, daß die Erschütterungen seines Hauses durch den Bahnbetrieb erheblich zugenommen hätten und unerträglich geworden seien. Nachdem seine Beschwerde beim Eisenbahn-Bundesamt nicht beantwortet worden war, erhob er im Jahre 1999 Klage zum Bundesverwaltungsgericht mit dem Antrag, die Bundesrepublik Deutschland zu verpflichten, durch geeignete Schutzvorkehrungen sicherzustellen, daß von der 1994 planfestgestellten Maßnahme keine für ihn unzumutbaren Erschütterungen ausgingen, hilfsweise auf Zahlung einer angemessenen Entschädigung.

---

[4] Beschluß vom 17. April 2000 – BVerwG 11 B 19.00 – NVwZ 2001, S. 88 f. ; Urteil vom 22.

Dr. iur. Ulrich Storost

Das Bundesverwaltungsgericht hat sich durch Beschluß vom 18. Mai 2000[5] für unzuständig erklärt und den Rechtsstreit an das Verwaltungsgericht Hamburg verwiesen. Zur Begründung hat es im wesentlichen folgendes ausgeführt:

Nach § 5 Abs. 1 VerkPBG entscheide das Bundesverwaltungsgericht im ersten und letzten Rechtszug nur über Streitigkeiten, die Planfeststellungs- und Plangenehmigungsverfahren für Vorhaben nach § 1 des Gesetzes betreffen. Der Zweck dieser Zuständigkeitsvorschrift bestehe darin, durch eine Verkürzung des Verwaltungsgerichtsverfahrens auf *eine* Instanz den Ausbau der Verkehrswege zwischen alten und neuen Ländern zu beschleunigen und dabei durch die Konzentration der Streitsachen beim Bundesverwaltungsgericht divergierende Entscheidungen zu vermeiden. Dieser Gesetzeszweck verlange eine weite Auslegung der Vorschrift dahin, daß sie alle Verwaltungsstreitsachen erfaßt, die einen unmittelbaren Bezug zu konkreten Planfeststellungs- oder Plangenehmigungsverfahren für Vorhaben nach § 1 VerkPBG haben. Das sei beispielsweise der Fall, wenn um Maßnahmen gestritten werde, die zeitlich und sachlich der späteren Planfeststellung oder Plangenehmigung vorausgehen, indem sie der Vorbereitung eines solchen Planfeststellungs- oder Plangenehmigungsverfahrens dienen oder einen Ausschnitt der in einem laufenden Planfeststellungsverfahren zu lösenden Probleme darstellen, oder wenn darum gestritten werde, ob bestimmten Baumaßnahmen an einem in § 1 VerkPBG genannten Verkehrsweg ein Planfeststellungs- oder Plangenehmigungsverfahren hätte vorausgehen müssen. Dieser unmittelbare Bezug zu einem konkreten Planfeststellungs- oder Plangenehmigungsverfahren fehle jedoch im vorliegenden Fall, in dem der Kläger nach Unanfechtbarkeit eines

---

November 2000 – BVerwG 11 A 4.00 – BVerwGE 112, 114 ff.

Planfeststellungsbeschlusses nachträgliche Schutzauflagen verlange, die gemäß § 75 Abs. 2 Sätze 2 bis 4 VwVfG dem Träger des Vorhabens außerhalb eines Planfeststellungs- oder Plangenehmigungsverfahrens auferlegt werden könnten.

Nichts anderes gelte im Ergebnis für die gesetzlichen Voraussetzungen der erstinstanzlichen Zuständigkeit des Oberverwaltungsgerichts nach § 48 Abs. 1 Nrn. 7 bis 9 VwGO, mit der § 5 Abs. 1 VerkPBG der Sache nach korrespondiere. Insoweit sei es weit überwiegende Auffassung in Rechtsprechung und Literatur, daß sich die Zuständigkeit der Oberverwaltungsgerichte zur erstinstanzlichen Entscheidung über Streitigkeiten, die Planfeststellungsverfahren für den Bau oder die Änderung von Schienenwegen, Bundesfernstraßen oder Bundeswasserstraßen betreffen, nicht auf Klagen erstrecke, mit denen - wie hier - ausschließlich Ansprüche auf nachträgliche Schutzauflagen verfolgt werden.

Mit dieser Rechtsprechung hat das Bundesverwaltungsgericht klargestellt, daß die Hochzonung der erstinstanzlichen Zuständigkeit für Planfeststellungsverfahren und die damit einhergehende Verkürzung des Rechtsschutzes durch Einschränkung des Instanzenzuges eine Ausnahmeregelung darstellt, deren Anwendung auf die Streitfälle beschränkt bleiben muß, für die die Ausnahme rechtfertigenden Sachgründe auch wirklich zutreffen.

---

[5] BVerwG 11 A 6.99, NVwZ 2000, S. 1168 f.

b) Kein Einvernehmen mit der Gemeinde im Plangenehmigungsverfahren
In mehreren vorläufigen Rechtsschutzverfahren begehrten Gemeinden die Anordnung der aufschiebenden Wirkung ihrer Anfechtungsklagen gegen Plangenehmigungen des Eisenbahn-Bundesamtes für den Bau von Funksystem-Basisstationen im Gemeindegebiet. Sie machten geltend, hierfür sei gemäß § 36 BauGB ihr Einvernehmen erforderlich gewesen; keinesfalls habe man sich über ihre aus dem Selbstverwaltungsrecht folgenden Einwendungen durch bloße Plangenehmigung hinwegsetzen dürfen. In zwei veröffentlichten Beschlüssen aus dem Jahre 2000[6] hat das Bundesverwaltungsgericht solche Anträge abgelehnt und zur Begründung folgendes ausgeführt:

Der Wahl des Plangenehmigungsverfahrens habe § 18 Abs. 2 Satz 1 Nr. 1 AEG (a.F.) nicht entgegengestanden. Zwar konnte danach eine Plangenehmigung nur erteilt werden, wenn Rechte anderer nicht beeinträchtigt werden oder die Betroffenen sich mit der Inanspruchnahme ihres Rechtes schriftlich einverstanden erklärt haben. Rechte der Antragstellerin im Sinne dieser Vorschrift würden durch das Vorhaben jedoch nicht beeinträchtigt. Mit einer Rechtsbeeinträchtigung, die nur im Einverständnis des Betroffenen das Absehen von einem Planfeststellungsverfahren zulasse, sei nämlich der direkte Zugriff auf fremde Rechte gemeint, nicht aber die bei jeder raumbeanspruchenden Planung gebotene wertende Einbeziehung der Belange Dritter in die Abwägungsentscheidung. Der aus dem Selbstverwaltungsrecht der Antragstellerin folgende Anspruch darauf, dass die Antragsgegnerin bei der Betätigung ihres Planungsermessens das Interesse der Antragstellerin an der Gestaltung ihres Ortsbildes nicht unberücksichtigt läßt, setze der Fachplanung keine mit einer Abwägung nicht überwindbare Grenze, deren Einhaltung bei der Plangenehmigung durch die Erteilungsvoraussetzung des § 18 Abs. 2 Satz 1 AEG (a.F.) sichergestellt werden müßte, sondern werde von dem sich aus § 18 Abs. 1 Satz 2 AEG auch für die Plangenehmigung ergebenden Anspruch der Antragstellerin auf gerechte Abwägung ihrer Belange mit entgegenstehenden anderen Belangen uneingeschränkt umfaßt.

Das in § 18 Abs. 2 Satz 1 Nr. 2 AEG vorgeschriebene Benehmen mit der Antragstellerin, das im Gegensatz zum Einvernehmen keine Willensübereinstimmung erfordert, sei hergestellt worden. Das Einvernehmen der Antragstellerin wäre gemäß § 36 Abs. 1 Satz 2 BauGB nur erforderlich gewesen, wenn die Anwendung dieser Vorschrift nicht durch § 38 Satz 1 BauGB ausgeschlossen war. Dies sei der Fall, wenn das Plangenehmigungsverfahren, das gemäß § 18 Abs. 2 Satz 2 AEG bei Erteilung der Plangenehmigung die Rechtswirkungen der Planfeststellung auslöse, ein Vorhaben von überörtlicher Bedeutung betreffe. Überwiegendes spreche dafür, daß das hier in Rede stehende Vorhaben nicht des Einvernehmens der Gemeinde bedürfe, weil es überörtliche Bedeutung habe.

Der durch das Bau- und Raumordnungsgesetz vom 18. August 1997[7] veränderte Wortlaut des § 38 BauGB spreche dafür, bei der Beurteilung dieses Tatbestandsmerkmals nicht mehr auf die voraussichtliche planerische Kraft der im Einzelfall betroffenen Gemeinde abzustellen, sondern überörtliche Bezüge eines Vorhabens für die Zuerkennung des in § 38 BauGB zum Ausdruck gebrachten

---

[6] Beschlüsse vom 31. Juli 2000 – BVerwG 11 VR 5.00 – UPR 2001, S. 33 f. und vom 31. Oktober 2000 – BVerwG 11 VR 12.00 – Buchholz 442.09 § 18 AEG Nr. 51.
[7] BGBl I S. 2081.

grundsätzlichen Vorrangs der Fachplanung gegenüber der Planungshoheit der Gemeinde generell ausreichen zu lassen. Solche überörtlichen Bezüge seien bei dem Bau von Betriebsanlagen der Eisenbahn in der Regel gegeben. Diese Auslegung entspräche auch der Entstehungsgeschichte des Bau- und Raumordnungsgesetzes, die nicht erkennen lasse, daß der Gesetzgeber den bis dahin geltenden Ausschluß der Notwendigkeit des Einvernehmens der Gemeinde bei nach § 18 AEG planfeststellungs- bzw. plangenehmigungsbedürftigen Vorhaben bewußt habe ändern wollen. Auch im rechtswissenschaftlichen Schrifttum werde für die Abgrenzung zwischen örtlicher und überörtlicher Fachplanung nach der Neufassung des § 38 BauGB eine typisierende Betrachtungsweise bevorzugt, wonach die durch ein Fachplanungsgesetz begründete nicht-gemeindliche, überörtliche Planungszuständigkeit die überörtliche Bedeutung des Vorhabens indiziere.

Das hier genehmigte Vorhaben weise durch seine Einbettung in ein überregionales Eisenbahn-Funknetz, das die Errichtung von Basisstationen nach technisch in bestimmter Weise vorgegebenen, auch die räumliche Zuordnung zueinander und zu den Gleisen betreffenden Kriterien erfordere, überörtliche Bezüge auf, die es zumindest nahe legten, ihm überörtliche Bedeutung beizumessen. Darauf, daß die Ausführung des konkret genehmigten Vorhabens sich auf das Gebiet der Antragstellerin beschränkt, könne es dagegen sinnvollerweise nicht ankommen.

Damit hat das Bundesverwaltungsgericht erneut die in seiner Rechtsprechung angelegte Tendenz bekräftigt, die überörtliche Verkehrsplanung nicht ohne zwingenden Grund an verfahrensrechtlichen Hemmnissen scheitern zu lassen.

2. Probleme des Lärmschutzes

Nach diesen zwar die Herzen der Juristen bewegenden, den vielen anderen an einem eisenbahnrechtlichen Planungsverfahren beteiligten Berufsgruppen aber wohl eher fernliegenden Verfahrensfragen will ich Ihnen im Hauptteil meines Vortrags einige jüngere Entscheidungen zum materiellen Recht in Erinnerung rufen, in denen das Bundesverwaltungsgericht versucht hat, den Dauerkonflikt zwischen dem Lärmschutzinteresse der Bahnnachbarn einerseits und dem Bestandsschutz- und Investitionssicherheitsinteresse der Bahnbetreiber andererseits vertretbaren Lösungen zuzuführen.

a) Lärmschutz durch Auflagenvorbehalt

Eine Außenstelle des Eisenbahn-Bundesamtes sah eine salomonische Lösung dieses auch der Planfeststellungsbehörde wohlvertrauten Konflikts darin, daß es im Planfeststellungsbeschluß für den kapazitätserhöhenden Ausbau eines Schienenweges nicht nur bestimmte Lärmschutzmaßnahmen anordnete, sondern außerdem folgende Nebenbestimmung aufnahm:

"Zur Absicherung der Einhaltung der Immissionsgrenzwerte nach Inbetriebnahme der Strecke wird festgesetzt, daß bei berechtigtem Zweifel Nachberechnungen zu Lasten des Vorhabenträgers erfolgen und auf Grund dieser Kontrollmaßnahme die erforderlichen Nachbesserungen hinsichtlich des Lärmschutzes vom Vorhabenträger zu leisten sind."

Gegen diese Nebenbestimmung erhob die Vorhabenträgerin Klage zum Oberverwaltungsgericht, die dort zunächst abgewiesen wurde. Der Revision der Vorhabenträgerin hat das Bundesverwaltungsgericht durch Urteil vom 22.

November 2000[8] stattgegeben und die genannte Nebenbestimmung aufgehoben. Dabei hat es sich von folgenden Erwägungen leiten lassen:

Entgegen der Auffassung des Oberverwaltungsgerichts sei die Klage zulässig. Nach der inzwischen gefestigten Rechtsprechung des Bundesverwaltungsgerichts sei gegen belastende Nebenbestimmungen eines Verwaltungsakts die Anfechtungsklage gegeben. Dies gelte insbesondere für einem begünstigenden Verwaltungsakt beigefügte Auflagen oder Auflagenvorbehalte. Werde - wie hier - geltend gemacht, eine solche Nebenbestimmung finde im Gesetz keine Grundlage, so könne dies mit der Klage auf Aufhebung der Nebenbestimmung geltend gemacht werden. Ob diese Klage zur isolierten Aufhebung der Nebenbestimmung führen kann, hänge davon ab, ob der begünstigende Verwaltungsakt ohne die Nebenbestimmung sinnvoller- und rechtmäßigerweise bestehen bleiben kann; dies sei eine Frage der Begründetheit und nicht der Zulässigkeit des Anfechtungsbegehrens, sofern nicht eine isolierte Aufhebbarkeit offenkundig von vornherein ausscheide. Ein derartiger Ausnahmefall liege hier nicht vor.

Die Klage sei auch begründet. Die Beklagte sei gegenüber der Klägerin nicht befugt gewesen, dem Planfeststellungsbeschluss diese Nebenbestimmung beizufügen. Vielmehr entspreche ihre ersatzlose Aufhebung der Rechtslage.

In der angefochtenen Nebenbestimmung habe sich die Planfeststellungsbehörde vorbehalten, der Klägerin "Nachbesserungen" hinsichtlich des Lärmschutzes aufzuerlegen, wenn eine wegen "berechtigter Zweifel" erfolgende

---

[8] BVerwG 11 C 2.00, BVerwGE 112, 221 ff.

Nachberechnung solche "Nachbesserungen" erforderlich macht. Ein solcher Auflagenvorbehalt sei im Planfeststellungsrecht wegen des dort geltenden Grundsatzes umfassender Problembewältigung nur zulässig, wenn er den Voraussetzungen des § 74 Abs. 3 VwVfG genüge. Mit dieser Vorschrift habe der Gesetzgeber die von der Klägerin aufgeworfene Frage, ob der Planfeststellungsbeschluss eine abschließende verbindliche Entscheidung über das Vorhaben und die erforderlichen Schutzvorkehrungen treffen muss, dahingehend beantwortet, daß Einzelfragen einer nachträglichen Regelung nur vorbehalten bleiben dürfen, soweit eine abschließende Entscheidung noch nicht möglich ist. Diese spezielle Regelung der Zulässigkeit - auch - eines Auflagenvorbehalts schließe gemäß § 72 Abs. 1 VwVfG den vom Oberverwaltungsgericht vorgenommenen Rückgriff auf § 36 Abs. 2 Nr. 5 VwVfG aus.

Auf der Grundlage der in dem angefochtenen Urteil getroffenen tatsächlichen Feststellungen hätten die Voraussetzungen des § 74 Abs. 3 VwVfG für den in Rede stehenden Auflagenvorbehalt nicht vorgelegen. Entgegen der Auffassung des Oberverwaltungsgerichts verbiete es sich, die Anordnung der "Lärmschutzgarantie" mit dem planerischen Ermessen zu rechtfertigen, über das nach § 41 Abs. 1 BImSchG zwingend verlangte Lärmschutzniveau hinauszugehen. Wenn sich die Planungsbehörde auf das durch die Immissionsgrenzwerte bezeichnete Lärmschutzniveau der genannten Vorschrift festgelegt habe, sei eine darüber hinausgehende *Anordnung nach § 74 Abs. 2 Sätze 2 und 3 VwVfG i.V.m. §§ 41 ff. BImSchG* im Zeitpunkt des Planfeststellungsbeschlusses gegenüber der Klägerin nicht gerechtfertigt gewesen. Denn eine Anordnung nach diesen Vorschriften könne die Planfeststellungsbehörde nur zum Ausgleich für *solche Beeinträchtigungen* treffen, *deren Eintritt im Zeitpunkt der*

Entscheidung gewiß sei oder sich prognostisch abschätzen lasse. Mit der "Lärmschutzgarantie" habe die Planungsbehörde nicht Beeinträchtigungen entgegentreten wollen, die sie in diesem Sinne erwarten mußte. Ihr Ziel sei es vielmehr gewesen, einer der Verkehrsentwicklung allgemein anhaftenden Unsicherheit Rechnung zu tragen. Infolge der Liberalisierung des Zugangs zur Eisenbahninfrastruktur sei nämlich insbesondere ein stärkerer Güterverkehr "denkbar". Mit dieser Zielrichtung sei ein Entscheidungsvorbehalt nach § 74 Abs. 3 VwVfG nicht zulässig. Das allgemeine Prognoserisiko, daß es anders kommen kann als prognostiziert, sei kein Fall der Unmöglichkeit einer abschließenden Entscheidung.

Die Planfeststellungsbehörde könne und müsse *solchen nachteiligen Wirkungen des Vorhabens* nicht Rechnung tragen, *die sich erst später zeigen und mit denen die Beteiligten verständigerweise nicht rechnen können, weil sich ihr Eintritt im Zeitpunkt des Planfeststellungsbeschlusses noch nicht einmal als möglich abzeichnet.* Für den Schutz gegen derartige, *nicht voraussehbare Wirkungen* müßten sich die davon Betroffenen auf die Ansprüche verweisen lassen, die ihnen *§ 75 Abs. 2 Sätze 2 bis 4 VwVfG gewährt. Dazu gehörten auch solche nachteiligen Wirkungen, deren zukünftiger Eintritt zwar theoretisch denkbar sei, sich aber mangels besonderer Anhaltspunkte noch nicht konkret absehen lasse.* Denn verständigerweise sei nur mit solchen Wirkungen zu rechnen, deren Eintritt sich nicht nur als abstrakte, sondern als konkrete Möglichkeit abzeichne. Anderenfalls bliebe für die Anwendung des § 75 Abs. 2 Sätze 2 bis 4 VwVfG praktisch kein Raum.

Nur dann, wenn sich im Zeitpunkt des Planfeststellungsbeschlusses nachteilige Wirkungen weder mit der für eine Anordnung nach § 74 Abs. 2 Sätze 2 und 3

VwVfG hinreichenden Zuverlässigkeit voraussagen noch dem Bereich nicht voraussehbarer Wirkungen nach § 75 Abs. 2 Sätze 2 bis 4 VwVfG zuordnen lassen, könne gemäß *§ 74 Abs. 3 VwVfG* die Frage eines Ausgleichs einer späteren abschließenden Prüfung und Entscheidung vorbehalten bleiben. Diese Voraussetzungen lägen, wie auch § 74 Abs. 3 Halbsatz 2 VwVfG erkennen lasse, vor, *wenn sich aufgrund besonderer Anhaltspunkte die konkrete Möglichkeit abzeichne, daß nachteilige Wirkungen in absehbarer Zeit eintreten werden, ihr Ausmaß sich jedoch noch nicht abschätzen lasse.* Das allgemein jeder Prognose innewohnende Risiko, die spätere Entwicklung könne von der Prognose abweichen, reiche dafür nicht aus. Auch für einen Ermessensspielraum der Behörde sei insoweit nichts ersichtlich. Vielmehr *unterliege die Zuordnung eines Sachverhalts zu einem der genannten drei Bereiche uneingeschränkter gerichtlicher Überprüfung.*

Diese Überprüfung führe im vorliegenden Fall zu dem Ergebnis, daß die von der Beklagten zur Begründung des in Rede stehenden Auflagenvorbehalts herangezogenen Unsicherheiten der der Lärmprognose zugrunde liegenden Ausgangsparameter dem Bereich zwar theoretisch denkbarer, aber nicht voraussehbarer Wirkungen des Vorhabens nach § 75 Abs. 2 Satz 2 VwVfG zuzuordnen seien. Eine gewisse Unwägbarkeit der Prognosedaten wegen der Liberalisierung des Zugangs zum Schienennetz gebe es seit langem, ohne daß dies in der Rechtsprechung bisher zum Anlass genommen worden sei, die Prognosedaten als nicht hinreichend zuverlässig anzusehen. Konkretisierungen jener dem allgemeinen Risiko von Verkehrsprognosen zuzurechnenden Unwägbarkeit hätten sich im vorliegenden Fall nicht ergeben. Weder sei ersichtlich, daß überhaupt Fremdnutzungen auf dem in Rede stehenden Streckenabschnitt angestrebt würden, noch zeichne sich ab, daß daraus - im

Sinne des Schallschutzes - eine Verschlechterung der Parameter folgen würde. Sollten derartige Entwicklungen, was sich nicht ausschließen lasse, in Zukunft eintreten, handele es sich um nicht vorhersehbare Beeinträchtigungen im Sinne des § 75 Abs. 2 Satz 2 VwVfG.

Diese grundsätzliche Entscheidung hat dazu geführt, daß sich der Streit der Beteiligten weiterhin im wesentlichen auf das Regelungssystem der Verkehrslärmschutzverordnung und dessen Anwendung auf den jeweiligen Fall konzentriert, statt sich in den Weiten eines schwer konturierbaren Lärmvorsorgeermessens der Planfeststellungsbehörde zu verlieren. Daß jenes Regelungssystem Konfliktstoff genug bietet, zeigen die drei Fälle, die ich Ihnen heute abschließend vorstellen will:

b) Lärmschutz gegenüber Personenbahnhöfen
Die Mieterin eines in der Nähe eines Haltepunktes gelegenen Hauses wandte sich mit der Klage gegen eine Plangenehmigung für die Errichtung dieses Haltepunktes und machte u.a. geltend, seit Inbetriebnahme des Haltepunktes unzumutbaren Lärmbelästigungen durch die An- und Abfahrgeräusche der Züge ausgesetzt zu sein. Vor dem Bundesverwaltungsgericht hatte sie damit keinen Erfolg. In seinem Urteil vom 20. Dezember 2000[9] hat das Bundesverwaltungsgericht hierzu folgendes ausgeführt:

Die Plangenehmigungsbehörde sei davon ausgegangen, daß sich die Lärmimmissionen nicht derart verändern, daß sie die Vorbelastung überschreiten. Dabei habe sie sich auf die Verkehrslärmschutzverordnung und

---
[9] BVerwG 11 A 7.00, NVwZ-RR 2001, S. 360 f.

die insoweit dort in Bezug genommene Richtlinie Schall 03 stützen können, die den Bau oder die Veränderung von Personenbahnhöfen als lärmneutral bewerte. Zwar könne die Anlegung eines Bahnhofs oder - hier - eines Haltepunktes die Lärmsituation für die Streckenanlieger in einer Weise verändern, die von ihnen als ungünstig empfunden wird. Dem Verordnungsgeber stehe aber bei der Bewertung des veränderten Lärmgeschehens ein Einschätzungs-, Wertungs- und Gestaltungsspielraum zu. Dieser erlaube es ihm, eine Veränderung des Lärmgeschehens insgesamt als irrelevant einzustufen, soweit dies nicht zur Folge habe, daß die rechnerisch ermittelte Lärmbelastung die Wirklichkeit nur noch völlig unzulänglich abbilde. Zu den dadurch gedeckten Vereinfachungen und Pauschalierungen gehöre die in Abschn. 8.1 der Schall 03 getroffene Regelung, daß die Emissionspegel von Zug- und Rangierfahrten in Personenbahnhöfen "wie für die freie Strecke" gerechnet werden. Gerechtfertigt werde diese Handhabung zutreffend mit den Ergebnissen der Bahnhofsstudien 1 und 2. Denn die dort dokumentierten Messungen belegten, daß mit dem Verfahren der Schall 03 bei kleineren Bahnhöfen, in denen die meisten Züge durchfahren, ein geringfügig zu hoher, in großen Bahnhöfen, in denen die meisten Züge halten, ein bis zu 5 dB(A) zu hoher Emissionspegel berechnet werde. In den gemessenen Mittelungspegeln der Studien seien bahnhofsspezifische Geräusche (z.B. Anfahr- und Bremsgeräusche) enthalten.

Auch die weitere Folge, daß gemäß Anlage 2 zu § 3 der 16. BImSchV der sog. Schienenbonus im Bereich des Bahnhofs oder Haltepunktes Anwendung finde, begegne keinen rechtlichen Bedenken. Aus den fachwissenschaftlichen Untersuchungen, die durchgeführt worden seien, um die Besonderheiten des Schienenverkehrslärms gegenüber dem Straßenverkehrslärm zu ermitteln, ließen sich hiergegen keine Einwände herleiten. Das für den Schienenverkehr charakteristische Lärmgeschehen, das den Ansatz des Schienenbonus rechtfertige, werde durch Bahnhöfe und Haltepunkte nicht so weitgehend verändert, daß der Verordnungsgeber gezwungen gewesen wäre, diese von der Anwendung des Schienenbonus S auszunehmen.

c) Lärmschutz durch bauleitplanerischen Kunstgriff

Für die Zeit vor Inkrafttreten der Verkehrslärmschutzverordnung kam nach den von der Rechtsprechung hierzu entwickelten Grundsätzen der Schutz der Festsetzung einer Nutzungsart in einem Bebauungsplan den betroffenen Grundstückseigentümern gegenüber einer konkurrierenden Fachplanung nur zugute, wenn letztere sich nicht schon früher mit der Auslegung der Planunterlagen im Anhörungsverfahren verfestigt hatte. Nur unter dieser Voraussetzung erlangten die Betroffenen durch den Bebauungsplan eine Position, kraft derer sie darauf vertrauen konnten, daß eine nachfolgende Verkehrswegeplanung auf die nach dem Bebauungsplan gegebene Nutzbarkeit ihrer Grundstücke Rücksicht nahm. Hatte sich die Fachplanung dagegen schon vorher in der genannten Weise verfestigt, mußten sich die Betroffenen eine entsprechende plangegebene Vorbelastung entgegenhalten lassen.

Die Auffassung des Oberverwaltungsgerichts für das Land Nordrhein-Westfalen, entsprechender Schutz werde einer verfestigten eisenbahnrechtlichen Fachplanung auch im Rahmen des § 2 Abs. 2 Satz 1 der 16. BImSchV zuteil, stellte ein Kläger im Nichtzulassungsbeschwerdeverfahren auf den Prüfstand des Bundesverwaltungsgerichts. Sein Grundstück lag in der Nähe einer Eisenbahn-Neubaustrecke, für die das Anhörungsverfahren bereits 1993 durchgeführt worden war, als der Bebauungsplan dort noch ein Mischgebiet auswies. Noch vor Erlaß des Planfeststellungsbeschlusses für die Bahnstrecke änderte die

Gemeinde den Bebauungsplan so, daß das Grundstück des Klägers nun in einem allgemeinen Wohngebiet lag. § 2 Abs. 2 Satz 1 der 16. BImSchV verweist für die in Abs. 1 nach Anlagen und Gebieten gestaffelten Immissionsgrenzwerte auf den Bebauungsplan. Insoweit hielt der Kläger die Frage für grundsätzlich klärungsbedürftig, ob § 2 Abs. 2 Satz 1 der 16. BImSchV dahingehend ausgelegt werden kann, daß eine zugunsten der Anlieger des Verkehrsweges erfolgte Änderung eines Bebauungsplans unberücksichtigt bleibt, wenn sich zu diesem Zeitpunkt bereits die konkurrierende Fachplanung für den Verkehrsweg verfestigt hatte.

Das Bundesverwaltungsgericht hat diese Frage in einem Beschluß vom 13. November 2001[10] unter Fortführung der früheren Rechtsprechung bejaht. Zwar treffe es zu, daß § 2 der 16. BImSchV das Maß an Lärmschutz, das der Planungsträger zu gewährleisten hat, grundsätzlich danach bestimme, welche bauliche Gebietsqualifizierung dem lärmbetroffenen Bereich im Zeitpunkt der Planfeststellung zukomme. Dies ändere aber nichts daran, daß eine kommunale Bauleitplanung auf hinreichend konkretisierte und verfestigte Planungsabsichten der konkurrierenden Fachplanung Rücksicht nehmen müsse, auch wenn diese noch nicht rechtsverbindlich seien. Gegen dieses Gebot habe der Bebauungsplan verstoßen, nachdem für die Gemeinde durch die Planauslegung im eisenbahnrechtlichen Planfeststellungsverfahren die hinreichende Verfestigung konkreter Planungsabsichten der Beigeladenen erkennbar geworden sei. Denn ein Einverständnis der Beigeladenen mit einem durch den Bauleitplan bewirkten Problemtransfer habe nicht vorgelegen. Es fehle jeder Anhaltspunkt, daß der

---

[10] BVerwG 9 B 57.01, NVwZ-RR 2002, S. 178 ff.

Verordnungsgeber mit der Regelung des § 2 der 16. BImSchV einen Problemtransfer auf konkurrierende Planungsträger habe zulassen wollen.

d) Lärmschutzbegrenzung durch juristische Kunstgriffe

Hatten in den drei bisher vorgetragenen Fällen zum Lärmschutzproblem die Verfechter eines weitreichenden Immissionsschutzes gegen Schienenverkehrslärm keinen Erfolg vor dem Bundesverwaltungsgericht, so mußte in einer anderen Frage auch die Betreiberseite eine herbe Niederlage einstecken. In seinem Vortrag auf Ihrer vorletzten Tagung hat Herr Vizepräsident Hien darauf hingewiesen, daß der zuständige Senat zwar anerkannt hat, daß das Verfahren "Besonders überwachtes Gleis" eine dauerhafte Lärmminderung erbringt und im Rahmen der Lärmberechnung nach der Verkehrslärmschutzverordnung einen Pegelabschlag rechtfertigt[11]. Die höchstrichterliche Anerkennung dieses Abschlags gerade in der von der Deutschen Bahn AG gewünschten Höhe von 3 dB(A) steht jedoch noch aus. Über die Gründe dafür will ich nicht spekulieren; für das Gericht war die Frage jedenfalls bisher nie entscheidungserheblich. Das zähe Ringen um den Gleispflegeabschlag verlagerte sich statt dessen auf einen anderen Schauplatz: Auf der Suche nach weiteren Möglichkeiten zur Begrenzung des Lärmschutzaufwands beim Ausbau von Schienenwegen entwickelten kluge Juristen die Idee, den Gleispflegeabschlag bei Ausbauvorhaben in der Weise einzusetzen, daß er von vornherein zum Ausschluß von Lärmschutzansprüchen nach der Verkehrslärmschutzverordnung führt. Angesichts der damit zu erzielenden grundsätzlichen Hebelwirkung mutet der Streit darüber, ob der Beurteilungspegel bei der Bemessung von

---

[11] *E.Hien*, a.a.O., S. 2.

Lärmschutzwänden oder –fenstern um 1 dB(A) höher oder niedriger anzusetzen ist, als geradezu kleinkariert an.

Hintergrund dieser gut durchdachten Idee ist die folgende Rechtslage: § 41 Abs. 1 BImSchG schreibt vor, daß bei dem Bau oder der wesentlichen Änderung von Eisenbahnen sicherzustellen ist, daß durch diese keine schädlichen Umwelteinwirkungen durch Verkehrsgeräusche hervorgerufen werden können, die nach dem Stand der Technik vermeidbar sind. Zur Durchführung dieser Vorschrift enthält die Verkehrslärmschutzverordnung Bestimmungen über Grenzwerte, die zum Schutz der Nachbarschaft vor schädlichen Umwelteinwirkungen durch Geräusche nicht überschritten werden dürfen. Diese Verordnung gilt nach ihrem § 1 Abs. 1 jedoch nur für den Bau oder die *wesentliche* Änderung der darin bezeichneten Verkehrswege. Ihr § 1 Abs. 2 definiert, wann eine Änderung in diesem Sinne wesentlich ist. Liegt der in Satz 1 Nr. 1 dieser Vorschrift genannte Fall der baulichen Erweiterung eines Schienenweges um ein oder mehrere durchgehende Gleise nicht vor, hängt die Bejahung der Wesentlichkeit davon ab, ob durch einen erheblichen baulichen Eingriff der Beurteilungspegel des von dem zu ändernden Verkehrsweg ausgehenden Verkehrslärms um mindestens 3 dB(A) oder auf mindestens 70 dB(A) am Tage oder mindestens 60 dB(A) in der Nacht erhöht wird oder ob dieser Beurteilungspegel – außer in Gewerbegebieten – schon vor der Änderung eine dieser Schwellen erreichte und durch den Eingriff weiter erhöht wird. Beim Ausbau einer Bestandsstrecke in Berlin, bei dem die Zahl der Gleise nicht erhöht wurde, versuchte man nun, trotz eines erheblichen baulichen Eingriffs, durch den sich Erhöhungen der Beurteilungspegel auf oder im Bereich über mindestens 60 dB(A) in der Nacht errechneten, die Lärmsanierungspflicht nach der Verkehrslärmschutzverordnung dadurch zu vermeiden, daß in den entsprechenden Bereichen eine besondere Gleisüberwachung vorgesehen und diese von vornherein pegelmindernd in Ansatz gebracht wurde, so daß sich keine Erhöhung, sondern eine Absenkung des Beurteilungspegels ergab. Dadurch sollten die Anwohner statt der von ihnen zu beanspruchenden Lärmsanierung auf einen Grenzwert von 49 dB(A) nachts mit Lärm von knapp unter 60 dB(A) belastet bleiben.

Das Bundesverwaltungsgericht hat sich diesem juristischen Kunstgriff bei aller Bewunderung seiner gedanklichen Schärfe nicht anschließen können, weil sich dies bei einer zweckgerechten Norminterpretation, die die Interessen aller Beteiligten im Auge hat, verbietet. Es hat die Anspruchsvoraussetzungen für Lärmschutzvorkehrungen gemäß § 41 Abs. 1 BImSchG i.V.m. § 1 Abs. 2 Satz 1 Nr. 2 und § 2 Abs. 1 Nr. 2 der 16. BImSchV bei den betroffenen Anliegern als erfüllt angesehen und zur Begründung folgendes ausgeführt[12]:

Diese Vorschriften gestatteten es nicht, den Lärmreduzierungseffekt des Verfahrens "Besonders überwachtes Gleis" bereits bei der Beurteilung der Frage einzubeziehen, ob die baulichen Maßnahmen zu einer Lärmerhöhung führen und deswegen als "wesentliche Änderung" anzusehen sind. Das Verfahren "Besonders überwachtes Gleis" sei seiner objektiven Funktion nach als Lärmschutzmaßnahme zu qualifizieren und deswegen allein der Rechtsfolgeseite des § 41 Abs. 1 BImSchG i.V.m. der Verkehrslärmschutzverordnung zuzuordnen.

---

[12] Urteil vom 14. November 2001 – BVerwG 11 A 31.00 – DVBl 2002, S. 560 ff.

Auf die objektive Funktion sei bei der Zuordnung lärmreduzierender Maßnahmen in das Regelungssystem der genannten Vorschriften abzustellen, weil es anderenfalls in das Belieben der Planfeststellungsbehörde gestellt wäre, über den Eintritt der Sanierungspflicht aus § 2 der 16. BImSchV zu entscheiden. Diene eine solche Maßnahme nach ihrer objektiven Funktion ausschließlich oder ganz überwiegend dem Lärmschutz, dürfe sie nicht in die vorhabenbedingte Lärmprognose einbezogen werden, sondern sei zwingend der Rechtsfolgeseite des Regelungssystems zuzuordnen. *Anderenfalls würde der Mechanismus dieses Regelungssystems umgangen.* Er ziele nicht in erster Linie darauf, vorhabenbedingte Erhöhungen des Beurteilungspegels von vornherein zu vermeiden, sondern sei vielmehr darauf gerichtet, aus Anlaß größerer Baumaßnahmen Lärmsanierung zu gewähren. Wenn dabei die wesentliche Änderung eines Verkehrsweges einem Neubau gleichgestellt werde, beruhe dies auf dem Gedanken, daß zum einen die Planfeststellungsbedürftigkeit des Vorhabens ohnehin dazu zwinge, bezüglich des Verkehrslärms – wenn dieser vorhabenbedingt ansteige – in eine neue planerische Abwägung einzutreten, und zum anderen sich – wie bei einem Neubau – aus Gründen der Kostenersparnis regelmäßig das Abwägungsergebnis aufdrängen werde, den gebotenen Lärmschutz von vornherein "mit einzubauen". Dieser vom Gesetz- und Verordnungsgeber vorweggenommenen Abwagungsentscheidung wurde es zuwiderlaufen, wenn Lärmschutzmaßnahmen, die gerade dazu dienen, die Einhaltung der Grenzwerte des § 2 der 16.BImSchV sicherzustellen, bereits auf der Tatbestandsseite berücksichtigt werden könnten, um den Mechanismus der Verkehrslärmschutzverordnung erst gar nicht in Gang zu setzen. Das liege beim Beispiel einer Lärmschutzwand auf der Hand, gelte aber auch für solche Lärmschutzmaßnahmen, die – wie das Verfahren "Besonders überwachtes

Gleis" – bereits die Entstehung von Lärm an der Quelle vermeiden. Dieses Verfahren erfülle keine andere Funktion als die der Lärmminderung.

II. Schluß: Vom Selbstverständnis des Bundesverwaltungsgerichts

Ich habe bereits zu Beginn meiner Ausführungen dezent darauf hingewiesen, daß die wissenschaftliche Betrachtung der von mir referierten Entscheidungen sicherlich den einen oder anderen Ansatzpunkt für fundierte dogmatische Kritik bieten wird. Umgekehrt sind höchstrichterliche Entscheidungen natürlich auch immer der Gefahr ausgesetzt, sich am sprichwörtlichen grünen Tisch des Revisionsgerichts zu sehr von den Realitäten der Praxis zu entfernen. Ich kann Sie deshalb nur nochmals ermuntern, mir in der anschließenden Diskussion aus beiden Richtungen Denkanstöße für meine weitere Tätigkeit und für die meiner Senatskollegen mit auf den Weg nach Leipzig zu geben. Bitte vergessen Sie dabei aber nicht, daß die Gerichte weder dazu da sind, die Reinheit rechtsdogmatischer Prinzipien als höchstes Gut der Wissenschaft zu hüten noch als legitimatorisches Feigenblatt einer solchen Prinzipien fernstehenden technokratischen Praxis zu posieren. Gerichte sind Instanzen der Vermittlung zwischen den gegensätzlichen Interessen einer hochkomplizierten Gesellschaft. Ihre Funktionsfähigkeit beruht auf dem Vertrauen einer Mehrheit der Mitglieder dieser Gesellschaft, daß den Gerichten im großen und ganzen diese Vermittlerrolle gelingt. Die Rechtsprechung des Bundesverwaltungsgerichts zum eisenbahnrechtlichen Planfeststellungsgericht versucht immer wieder, vor allem dieser Erwartung gerecht zu werden. In diesem Selbstverständnis sollte sie mit allen anderen verantwortlichen Institutionen eines demokratischen Staates übereinstimmen.

Assesor jur. Mark Zehe, Eisenbahn-Bundesamt

Die naturschutzrechtliche Eingriffsregelung bei GSM-R-Masten unter Berücksichtigung des § 63 Nr. 3 BNatSchG

I. Einführung

Nach § 16 Abs. 4 EBO[1] sollen bzw. müssen Strecken, die von Reisezügen befahren werden, mit Zugfunkeinrichtungen ausgerüstet sein. Um dieser normierten Vorgabe zu entsprechen, werden von der DB Netz AG zur Zeit zahlreiche Bestandsstrecken mit den entsprechenden Anlagen nachgerüstet. Im Rahmen der für diese Vorhaben durchgeführten planrechtlichen Zulassungsvorhaben wurde vom Eisenbahn-Bundesamt (EBA) die Erfahrung gemacht, dass die Einwendungen, die von privaten Dritten und den am Verfahren beteiligten Naturschutzfachbehörden im Hinblick auf die Errichtung dieser Masten geltend gemacht werden, sich fast immer auf zwei Problemschwerpunkte konzentrieren.

Während von privater Seite vor allem Gesundheitsbeeinträchtigungen durch elektromagnetische Felder befürchtet werden, sehen die Naturschutzfachbehörden mit der Errichtung der GSM-R-Masten zum Teil erhebliche Belastungen des Landschaftsbildes verbunden und fordern dementsprechend Ausgleichs- und Ersatzmaßnahmen. Dabei sollen in einer Vielzahl der Fälle die Beeinträchtigungen durch Ersatzgeldzahlungen kompensiert werden.

In den nachfolgenden Ausführungen sollen die soeben angedeuteten naturschutzrechtlichen Probleme vertiefend dargestellt werden. Ein besonderes Augenmerk sei dabei auf die Vorschrift des § 63 Nr. 3 BNatSchG[2] gelegt, die in diesem Zusammenhang sowohl hinsichtlich ihrer Anwendbarkeit an sich, als auch hinsichtlich ihrer Reichweite und Rechtsfolgen umstritten ist.[3]

II. Erfordernis eines Verfahrens nach § 18 AEG[4]

Zu Beginn dieser Ausführungen gilt es zunächst die Frage zu klären, ob für die Errichtung von GSM-R-Masten an Bestandsstrecken überhaupt ein Verfahren nach § 18 AEG erforderlich ist. Nach § 20 Abs. 1 BNatSchG setzt nämlich eine Verpflichtung nach § 19 BNatSchG voraus, dass der (möglicherweise) vorliegende Eingriff einer behördlichen Entscheidung bedarf, bzw. bei dieser angezeigt werden muss oder von einer Behörde selbst durchgeführt wird. Sollte m.a.W. hier keine planrechtliche Zulassung notwendig sein, dann wäre die Vorhabensträgerin von vornherein nicht zur Vornahme von Ausgleichs- und Ersatzmaßnahmen verpflichtet und die Frage der Anwendbarkeit des § 63 Nr. 3 BNatSchG bräuchte nicht mehr weiter vertieft zu werden.

Man könnte nun die Notwendigkeit eines Verfahrens nach § 18 AEG mit der Begründung verneinen, dass durch die Errichtung der GSM-R-Maste ausschließlich die Anforderungen nach § 16 Abs. 4 EBO umgesetzt werden und

---

[1] Eisenbahn-Bau- und Betriebsordnung vom 08.05.1967 (BGBl. II S. 1563), zuletzt geändert durch das Zweite Gesetz zur Änderung eisenbahnrechtlicher Vorschriften vom 21.06.2002 (BGBl. I S. 2191) (BGBl. III 933-10)
[2] Bundesnaturschutzgesetz vom 25.03.2002 (BGBl. I S. 1193)
[4] Allgemeines Eisenbahngesetz vom 27.12.1993 (BGBl. I S. 2378, 2396, ber. 1994 I, S. 2493) zuletzt geändert durch das Zweite Gesetz zur Änderung eisenbahnrechtlicher Vorschriften vom 21.06.2002 (BGBl. I. S. 2191)

diese mithin allein dazu dienen sollen, den Betrieb auf der Bestandsstrecke im bisherigen Umfang beibehalten zu können. So betrachtet könnte sich die Errichtung der GSM-R-Maste als ein Akt der erweiterten Unterhaltung darstellen.

Hiergegen spricht jedoch, dass es bei der erstmaligen Aufstellung solcher Masten nicht darum geht, einen vorhandenen Bestand an Anlagen zu unterhalten bzw. zu erneuern. Es kommen hier in Gestalt der GSM-R – Maste vielmehr neue Anlagen hinzu, die – selbst wenn sie allein zur Aufrechterhaltung der bisherigen Nutzung dienen sollen – auch neue Probleme und Konflikte aufwerfen (siehe dazu bereits oben 1.). Es liegt mithin kein Fall der Bestandsunterhaltung, sondern vielmehr ein Fall der Bestandserweiterung vor, der zu einer Änderung der bestehenden Bahnanlagen führt und damit ein Verfahren nach § 18 AEG notwendig macht.

III. Vorliegen eines Eingriffs i.S.d. § 18 Abs. 1 BNatSchG

Ist demnach die im Vorfeld zu prüfende Voraussetzung des § 20 Abs. 1 BNatSchG erfüllt, gilt es im nächsten Schritt nun zu klären, inwieweit die erstmalige Errichtung von GSM-R-Masten an Bestandsstrecken einen Eingriff in Natur und Landschaft i.S.d. § 18 Abs. 1 BNatSchG darstellt.

1. Legaldefinition in § 18 Abs. 1 BNatSchG

Nach der Legaldefinition des § 18 Abs. 1 BNatSchG liegt ein solcher Eingriff bei Veränderungen der Gestalt oder Nutzung von Grundflächen oder des mit der belebten Bodenzone in Verbindung stehenden Grundwasserspiegels, die die Leistungs- und Funktionsfähigkeit des Naturhaushalts oder das Landschaftsbild erheblich beeinträchtigen können, vor.

Es braucht hierbei nicht weiter ausgeführt zu werden, dass die Errichtung eines neuen GSM-R-Mastes mit einer Veränderung der Gestalt und Nutzung der dafür vorgesehenen Grundflächen einhergeht.

2. Erhebliche Beeinträchtigung i.S.d. § 18 Abs. 1 BNatSchG

Weitaus problematischer lässt sich demgegenüber die Frage beantworten, ob es durch diese Nutzungs- und Gestaltungsänderung auch zu einer erheblichen Beeinträchtigung der Leistungs- und Funktionsfähigkeit des Naturhaushalts oder des Landschaftsbilds kommt. Von besonderer Schwierigkeit stellt sich in diesem Zusammenhang die Frage der Erheblichkeit dar.

Es handelt sich hierbei um eine Einschränkung in Form eines unbestimmten Rechtsbegriffs[5], durch die reine Bagatellfälle ausgeschieden werden sollen[6]. Die weitere Betrachtung soll mithin allein auf objektiv gewichtige Beeinträchtigungen konzentriert werden[7]. Die eigentliche Schwierigkeit bei einem solch unbestimmten Rechtsbegriff liegt nun darin, dass es keine gesetzliche Regelung gibt, die exakt definieren könnte, ab wann die Erheblichkeitsschwelle überschritten ist. Es lassen sich hier allenfalls Anhaltspunkte für die Beantwortung dieser Frage finden. Sicherlich dürfte dabei das räumliche und zeitliche Ausmaß des Eingriffs mit ausschlaggebend sein[8].

Zieht man die beiden soeben genannten Kriterien als Maßstab heran, so dürfte bei der Errichtung von GSM-R-Masten an Bestandsstrecken ein erheblicher Eingriff grundsätzlich nur im Hinblick auf das Landschaftsbild in Betracht

---

[5] Gassner, in: Gassner u.a.: BNatSchG: § 8, Rdnr. 6
[6] Fischer-Hüftle, in: Engelhardt/Brenner/Fischer-Hüftle: Naturschutzrecht in Bayern: Art. 6, Rdnr. 13
[7] OVG Nordrhein-Westfalen, Az. 7a D 144/97.NE
[8] OVG Niedersachsen, Az. 7 L 5352/95

kommen. Aufgrund seiner Höhe, die bis zu 25 m erreichen kann, scheint ein neu aufgestellter GSM-R-Mast potentiell dazu geeignet zu sein, sich in objektiv-gewichtiger Form nachteilig auf das Landschaftsbild auszuwirken. Demgegenüber scheiden erhebliche Beeinträchtigungen des Naturhaushalts in der Regel wohl aus, da für diese Masten nur relativ kleine Standflächen benötigt werden. Ebenso wenig dürften sich Anhaltspunkte für ins Gewicht fallende Grundwasserveränderungen finden lassen. Da dies jedoch nur für den Regelfall gilt, sei an dieser Stelle ausdrücklich darauf hingewiesen, dass auf eine genaue Einzelfallprüfung nicht verzichtet werden kann.

Ungeachtet dieser Verpflichtung zur Einzelfallprüfung soll sich die weitere Darstellung auf die Beantwortung der Frage, ob die Errichtung solcher GSM-R – Masten zu einer erheblichen Beeinträchtigung des Landschaftsbildes führt, beschränken. Wie bereits soeben dargestellt wurde, erscheint insoweit am ehesten eine erhebliche Beeinträchtigung vorliegen zu können.

a) Definition des Landschaftsbildes
Im Rahmen dieser Prüfung stößt man nun allerdings gleich zu Beginn auf ein Problem: Von allen Schutzgütern, die in § 2 Abs. 1 Satz 2 UVPG[9] genannt sind, dürfte das Landschaftsbild wohl am schwierigsten zu definieren und umreißen sein, da es nicht nur durch objektive sondern auch durch subjektive Elemente, die nicht messbar und daher nur schwer überprüfbar sind, bestimmt wird[10].

---

[9] Gesetz über die Umweltverträglichkeitsprüfung vom 12.02.1990 (BGBl. I S. 205), in der Fassung der Bekanntmachung vom 05.09.2001, zuletzt geändert durch Gesetz vom 18.06.2002 (BGBl. I S. 1914)
[10] Gassner, in: Gassner u.a.: BNatSchG: § 8, Rdnr. 6

Es geht bei diesem Schutzgut nicht um die Frage, ob die natürlichen Gegebenheiten in einem bestimmten Gebiet funktionieren und intakt sind (Wie sauber ist die Luft, wie gesund der Wald?), sondern vielmehr darum, wie sie in ihrem Zusammenhang optisch auf einen Betrachter wirken[11]. Es kommt mit anderen Worten ausgedrückt also auf den Eindruck an, den die mit dem Auge wahrnehmbaren Zusammenhänge von einzelnen Landschaftselementen einem Beobachter vermitteln[12]. Wichtig ist dabei, dass diese Betrachtungsweise eine gewisse Großräumigkeit aufweisen muss[13]. Schon vom natürlichen Sprachgefühl her wird man erst dann von einer „Landschaft" sprechen können, wenn man die prägenden oder typischen Merkmale einer bestimmten Region in ihrem Zusammenspiel vor sich sieht. Gerade dieses Zusammenspiel wird jedoch dann nicht hinreichend deutlich, wenn man das Blickfeld zu sehr einengt, so dass nur noch einzelne Bestandteile der Landschaft erfasst werden können.

Das heißt aber wiederum, um an dieser Stelle wieder zur Ausgangsthematik zurückzukehren, dass bei der Errichtung von GSM-R – Masten in nur schwer oder überhaupt nicht einsehbaren Einschnittsbereichen eine Beeinträchtigung des Landschaftsbildes in der Regel bereits deswegen ausscheiden dürfte, weil in dem Bereich, in dem der Mast sichtbar ist, diese großräumige Betrachtung überhaupt nicht möglich ist. Gleiches dürfte für Maststandorte in Waldgebieten gelten, in denen der GSM-R-Mast quasi verschwindet und nur aus nächster Nähe auszumachen ist.

---

[11] OVG Nordrhein-Westfalen, Az. 7a D 144/97.NE
[12] BVerwG, Az. 4 C 44/87
[13] OVG Nordrhein-Westfalen, Az. 11 A 2122/90

Eine weitere Prüfung, ob eine Beeinträchtigung des Landschaftsbildes vorliegt, dürfte in diesen und ähnlich gelagerten Sachverhalten daher entbehrlich sein.

b) „Erhebliche Beeinträchtigung" des Landschaftsbildes

In den Fällen aber, in denen der neu zu errichtende GSM-R – Mast auch über eine weitere Entfernung sichtbar sein wird, stellt sich die Frage, wann nun das Landschaftsbild beeinträchtigt ist. Man kann dabei vom Prinzip her auf drei Fallgruppen abstellen:

Eine solche Beeinträchtigung liegt einmal dann vor, wenn es durch das betreffende Vorhaben zu einem Verlust prägender Landschaftselemente kommt; zweitens bei der erheblichen Einschränkung/Verhinderung der sinnlichen Wahrnehmbarkeit solcher Elemente und schließlich drittens beim Hinzufügen neuer Elemente, die als störend empfunden werden, weil sie einen Fremdkörper im bestehenden Gefüge bilden[14].

Es bedarf wohl keiner näheren Ausführungen, dass bei der Neuerrichtung von GSM-R – Masten aufgrund von deren Form und Dimensionierung allein die soeben genannte 3. Alternative in Betracht kommen dürfte[15]. Wichtig ist dabei, dass – wie bereits soeben erwähnt – von dem bestehenden Landschaftsgefüge auszugehen ist. Es darf gedanklich keine Ideallandschaft entworfen werden („Heimatfilmkulisse"). Der neue GSM-R – Mast muss vielmehr in der

---

[14] Fischer-Hüftle, in: Engelhardt/Brenner/Fischer-Hüftle: Naturschutzrecht in Bayern: Art. 6, Rdnr. 16
[15] vgl. dazu auch OVG Niedersachsen, Az. 10 A 97/99: Danach wirkt ein Sendemast der Post aufgrund seiner „schlanken Gestalt" nicht dominierend auf die Landschaft

vorgefundenen (und wie auch immer vorbelasteten) Landschaft als Fremdkörper empfunden werden[16].

Ausgehend von dieser Alternative lässt sich eine erhebliche Beeinträchtigung des Landschaftsbildes dann bejahen, wenn ein für die Schönheiten der natürlich gewachsenen Landschaft aufgeschlossener Durchschnittsbetrachter die Veränderung des Landschaftsbildes durch den neuen GSM-R – Mast als nachteilig empfindet und – als objektives Kriterium – diese nachteilige Veränderung nicht nur unbedeutende Ausmaße hat[17].

Da nun dieser Betrachtung das bestehende Landschaftsgefüge zugrunde zu legen ist, sind dementsprechend auch die bereits vorhandene Belastungen zu berücksichtigen. So kann die Landschaft ihre Schutzwürdigkeit durch bereits vorliegende anderweitige Eingriffe verloren haben und dementsprechend die Schutzwürdigkeit und Schutzbedürftigkeit des Geländes unmittelbar im Anschluss an die Bahntrasse herabgemindert sein[18].

Überträgt man all dies auf die Praxis, so lässt sich bei der Neuerrichtung von GSM-R-Masten an elektrifizierten Bestandsstrecken die Erheblichkeit der Beeinträchtigung wohl fast immer verneinen. Durch die bereits vorhandenen Masten ist die Schutzwürdigkeit der Landschaft bereits so stark herabgemindert, dass der neu hinzukommende GSM-R-Mast im Vergleich zu der bereits bestehenden Vorbelastung nicht mehr markant in Erscheinung tritt. Auch bei

---

[16] Fischer-Hüftle, in: Engelhardt/Brenner/Fischer-Hüftle: Naturschutzrecht in Bayern: Art. 6, Rdnr. 16
[17] OVG Niedersachsen, Az. 7 L 5352/95; BayVGH, Az. 19 B 98.2562; BVerwG, Az. 4 C 44/87
[18] OVG Niedersachsen, Az. 10 A 97/99; VGH Baden-Württemberg, Az. 5 S 3868/88

den nichtelektrifizierten Bestandsstrecken hat der daran angrenzende Bereich durch diese bereits eine Vorprägung erhalten. Zumindest im unmittelbaren Nahbereich der Strecke stellen Bahnanlagen keine außergewöhnliche und fremd wirkende Erscheinung dar. Neben Signalmasten u.a. Anlagen zählen mittlerweile auch GSM-R-Masten zum normalen Erscheinungsbild einer Bahnstrecke. Freilich verbieten sich auch hierbei Verallgemeinerungen, so dass immer eine sorgfältige, am Einzelfall orientierte Prüfung stattzufinden hat. Befindet sich der Maststandort etwa an einer exponierten Stelle und ist deswegen weithin als Blickfang sichtbar, so ist eine erhebliche Beeinträchtigung des Landschaftsbildes zumindest denkbar und dementsprechend genauer zu prüfen.

Abschließend ist damit festzuhalten, dass bei der Neuerrichtung von GSM-R-Masten an Bestandsstrecken aufgrund der Vorbelastungen, die allein schon durch die vorhandenen Bahnanlagen verursacht werden, das Landschaftsbild nur in seltenen Fällen erheblich beeinträchtigt wird und dementsprechend in der Regel auch kein Eingriff i.S.d. § 18 Abs. 1 BNatSchG vorliegt.

3. Konsequenzen bei Vorliegen eines Eingriffs i.S.d. § 18 Abs. 1 BNatSchG

Sollte jedoch ausnahmsweise ein solcher Eingriff bejaht werden, so ergeben sich die hieraus folgenden Verpflichtungen für den Eingriffsverursacher aus § 19 BNatSchG. Im Anwendungsbereich dieser Norm stellt sich nun auch die Frage, inwieweit hier die Regelung des § 63 Nr.3 BNatSchG zum Tragen kommt und welche Konsequenzen seine Anwendbarkeit nach sich zieht.

a) Die Regelung des § 63 Nr.3 BNatSchG

In den nachfolgenden Ausführungen soll zunächst der Sinn und Zweck dieser Norm dargestellt werden. Im Anschluss daran wird geprüft, inwieweit diese

Norm auch bei der Neuerrichtung von GSM-R-Masten an Bestandsstrecken zur Anwendung kommen kann. Ein abschließender Exkurs soll sich schließlich noch der Frage der Bedeutung des Urteils des BVerwG vom 22.11.2000, Az. 11 A 4.00, („6 m - Urteil") für die hier behandelte GSM-R-Problematik widmen.

b) Sinn und Zweck des § 63 Nr.3 BNatSchG

Aus den Gesetzesentwürfen zu dieser Norm lässt sich entnehmen, dass diese, wie auch ihr Vorläufer, der § 38 BNatSchG a.F., nicht dazu dienen soll, naturschutzfreie Räume zu schaffen. Die Intention dieser Norm geht vielmehr dahin, die Funktion eines bereits vorhandenen Bestandes von Anlagen zu sichern, deren bestimmungsgemäße Nutzung im öffentlichen Interesse liegt. Allein diese Nutzung soll geschützt werden, wobei freilich auch deren konkrete Ausgestaltung naturschutzrechtlichen Anforderungen unterliegen kann[19].

Diese Auffassung findet sich entsprechend in der Rechtsprechung und in der Literatur wieder, wo ebenfalls hervorgehoben wird, dass die in § 63 Nr.3 BNatSchG (bzw. § 38 Nr.3 BNatSchG a.F.) genannten Flächen nur insoweit vor der den Anforderungen des Naturschutzrechts geschützt werden sollen, als dies zur Funktionssicherung der darauf befindlichen und in einer bestimmten Weise genutzten Anlagen notwendig ist[20].

Auf die hier behandelte Problematik der GSM-R-Masten übertragen bleibt damit zunächst festzuhalten, dass auch auf Bahnflächen das Naturschutzrecht (und damit auch § 19 BNatSchG) prinzipiell anwendbar ist. Eine Privilegierung besteht nur insoweit, als der sichere und sachgerechte Betrieb einer

---

[19] BT-Drucksache 14/6378, Seite 63 (zu § 62)
[20] BVerwG, Az. 11 A 4.00; Gassner, in: Gassner u.a.: BNatSchG: § 38, Rdnr. 20

bestandsgeschützten Nutzung durch Maßnahmen und Anforderungen des Naturschutzes nicht behindert werden darf.

c) Anwendbarkeit des § 63 Nr.3 BNatSchG bei der Neuerrichtung von GSM-R-Masten

Wie soeben aufgezeigt wurde, dient § 63 Nr.3 BNatSchG ausschließlich der Funktionssicherung eines vorhandenen Bestandes von Bahnanlagen. Im hier behandelten Fall werden die GSM-R-Maste allerdings neu errichtet. Es stellt sich damit die Frage, ob der Anwendungsbereich des § 63 Nr. 3 BNatSchG in einem solchen Fall überhaupt eröffnet ist.

Nach der Rechtsprechung ist auch ein sogenannter überwirkender Bestandsschutz nicht ausgeschlossen, wenn ein vorhandener Bestand ohne quantitativ oder qualitativ wesentliche Veränderungen seiner bei In-Kraft-Treten des Gesetzes gegebenen Funktion allein dadurch geschützt werden kann, dass damit in untrennbarem Zusammenhang stehende Änderungsmaßnahmen vorgenommen werden[21].

Der Sinn und Zweck der neuen GSM-R-Masten liegt nun einzig und allein darin, die in § 16 Abs. 4 EBO normierten Anforderungen zu erfüllen und die Nutzungsmöglichkeit der Bestandsstrecke im bisherigen Umfang zu gewährleisten. Es sollen weder neue Verkehre über die Bahnstrecken geführt werden, noch sind Änderungen hinsichtlich der konkreten Nutzungsart beabsichtigt. Mithin stellt die Neuerrichtung der GSM-R-Masten einen Fall des überwirkenden Bestandsschutzes dar, so dass insoweit auch der Anwendungsbereich des § 63 Nr.3 BNatSchG eröffnet ist.

d) Exkurs: Das Urteil des BVerwG vom 22.11.2000 (Az. 11 A 4.00)
Bei der Bearbeitung der Fälle konnte von der Planfeststellungsbehörde festgestellt werden, dass sich die am Verfahren beteiligten Naturschutzfachbehörden zur Begründung ihrer Forderung nach Ausgleichs- und Ersatzmaßnahmen oftmals auf das Urteil des BVerwG vom 22.11.2000, Az. 11 A 4.00, bezogen. Es wurde dabei argumentiert, dass § 63 Nr.3 BNatSchG diesem Verlangen nicht entgegenstehe, da sich die geplanten Maststandorte zum Teil bereits außerhalb des vom BVerwG genannten 6 m – Streifens (gemessen ab der äußeren Gleisachse) befänden, bzw. die Masten nach ihrer Errichtung weit über diesen 6 m – Streifen hinaus sichtbar sein würden.

Es darf hierbei nun allerdings nicht übersehen werden, dass der diesem Urteil zugrunde liegende Sachverhalt Fragen und Probleme im Zusammenhang mit der Wiederherstellung einer teilungsbedingt stillgelegten Strecke und damit in Verbindung stehender Unterhaltungsmaßnahmen zum Gegenstand hatte und somit bereits kein vergleichbarer Tatbestand vorliegt, auf den man Bezug nehmen könnte. Darüber hinaus lassen sich in dieser Entscheidung aber auch keine Anhaltspunkte finden, die die Argumentation der Naturschutzfachbehörden in rechtlicher Hinsicht stützen könnten.

Unter 4.1.1 und 4.1.2 wurde bereits ausgeführt, dass es auch auf Bahnflächen keinen naturschutzfreien Raum gibt. Umgekehrt gilt die Privilegierung des § 63 Nr.3 BNatSchG aber auch für Bahnflächen außerhalb dieses angesprochenen 6 m – Streifens. Ohne an dieser Stelle näher darauf eingehen zu wollen, sei an dieser Stelle nochmals hervorgehoben, dass das BVerwG den Richtwert von 6 m

---

[21] BVerwG, Az. 11 A 4.00

im Zusammenhang mit der Frage einer ersatzlosen Vegetationsbeseitigung für die Wiederherstellung einer teilungsbedingt stillgelegten Strecke verwendet hatte und die in diesem Zusammenhang getätigten Aussagen nicht verallgemeinert werden dürfen. Aus § 63 Nr.3 BNatSchG selbst kann eine solche Differenzierung jedenfalls nicht entnommen werden.

Gegen die Argumentation, dass § 63 Nr.3 BNatSchG wegen der durch die GSM-R-Masten erzeugten Fernwirkung nicht anwendbar sei, spricht zudem, dass Eingriffe in das Landschaftsbild immer mit einer gewissen Fernwirkung verbunden sind (vgl. oben 3.2.1: Großräumige Betrachtungsweise geboten !). Wollte man dieser von manchen Naturschutzfachbehörden vertretenen Auffassung folgen, so käme § 63 Nr.3 BNatSchG bei Eingriffen in das Landschaftsbild praktisch nie zum Tragen, was aber nicht Sinn des Gesetzgebers gewesen sein kann.

Abschließend bleibt damit festzuhalten, dass § 63 Nr.3 BNatSchG in Fällen der Neuerrichtung von GSM-R-Masten an Bestandsstrecken zur Anwendung kommt. Im folgenden ist daher immer zu prüfen, inwieweit die dem Eingriffsverursacher nach § 19 BNatSchG obliegenden Pflichten dadurch modifiziert bzw. suspendiert werden.

4. Die Vermeidungspflicht nach § 19 Abs. 1 BNatSchG
Nach wie vor hat der Eingriffsverursacher primär das Vermeidungsgebot nach § 19 Abs. 1 BNatSchG zu beachten und vermeidbare Beeinträchtigungen von Natur und Landschaft zu unterlassen.

Auf die vorliegende Fallkonstellation übertragen heißt dies, dass er die Anzahl der neuen GSM-R-Masten auf die erforderliche Menge zu beschränken hat und bei der Standortauswahl die Stellen wählen muss, an denen mit der geringsten Beeinträchtigung des Landschaftsbildes zu rechnen ist.

Allerdings – und dies wird durch § 63 Nr.3 BNatSchG an dieser Stelle noch einmal hervorgehoben – darf diese Verpflichtung nur soweit gehen, wie der eigentliche Zweck des Vorhabens (eine nahezu lückenlose Funkversorgung des betreffenden Streckenabschnitts) dadurch nicht in Frage gestellt wird. Sicherlich wird sich in einer Vielzahl von Fällen durch das Verschieben eines Maststandortes die Eingriffsintensität abmildern lassen; dies darf aber wiederum nicht dazu führen, dass größere Funklücken entstehen und dadurch die Funktionalität der Bestandsstrecke beeinträchtigt wird.

5. Ausgleichs- und Ersatzmaßnahmen nach § 19 Abs. 2 BNatSchG

Lässt sich auch bei einer optimalen Standortwahl eine erhebliche Beeinträchtigung des Landschaftsbildes durch den neuen GSM-R-Mast nicht vermeiden, so hat der Eingriffsverursacher diese auszugleichen bzw. anderweitig zu kompensieren.

An dieser Stelle ist vorab darauf hinzuweisen, dass es insoweit zu einer Systemänderung gekommen ist. Durch den neuen § 19 Abs. 2 BNatSchG werden die bisher in § 8 Abs. 2 Satz 1 BNatSchG (a.F.) geregelten Ausgleichsmaßnahmen sowie die – aufgrund einer Ermächtigung im bisherigen § 8 Abs. 9 BNatSchG (a.F.) – bislang allein im Landesrecht geregelten Ersatzmaßnahmen als einheitlich zu prüfende Verpflichtung vor der

Abwägungsentscheidung nach § 19 Abs. 3 BNatSchG geregelt[22]. Dies hat zur Konsequenz, dass künftig auch die Ersatzmaßnahmen, die der Vorhabensträger im Rahmen seiner Planung vorgesehen hat, in die Abwägungsentscheidung mit einfließen und deren Ergebnis beeinflussen können. Wenngleich nach dem Gesetzeswortlaut nach wie vor zwischen den – vorrangig durchzuführenden – Ausgleichsmaßnahmen und den sonstigen Kompensationsmaßnahmen (Ersatzmaßnahmen) zu unterscheiden ist, dürfte sich die fehlerhafte Einordnung einer solchen Maßnahme nicht mehr derart gravierend auswirken, wie dies etwa noch in einem vom BVerwG entschiedenen Fall zum Bau der A 71 der Fall gewesen war[23].

Zieht man nun das unter 4.1 gefundene Ergebnis – auch Bereiche, die der Regelung des § 63 Nr.3 BNatSchG unterfallen, stellen prinzipiell keinen naturschutzfreien Raum dar – heran, ist auch auf Bahnflächen bei Vorliegen eines Eingriffs i.S.d. § 18 Abs. 1 AEG prinzipiell Ausgleich bzw. Ersatz zu schaffen. Dies gilt nur dann nicht, wenn – und hier greift wieder die Regelung des § 63 Nr.3 BNatSchG – die in Betracht kommende Kompensationsmaßnahme die Funktionalität der Bestandsstrecke beeinträchtigen würde (wie z.B. die Anpflanzung hochwachsender Gehölze direkt neben der Bahnstrecke). Es ist an dieser Stelle nochmals anzumerken, dass auch nach der neuen Gesetzeslage Ersatzmaßnahmen erst dann vorgesehen werden dürfen, wenn Ausgleichsmaßnahmen entweder tatsächlich nicht möglich sind oder die Funktionssicherung nach § 63 Nr.3 BNatSchG der Festsetzung solcher Maßnahmen entgegensteht.

---

[22] BT-Drucksache 14/6378, Seite 49 (zu § 19)
[23] vgl. dazu BVerwG, Az. 4 A 18/99

6. Abwägung nach § 19 Abs. 3 BNatSchG

Bei der Abwägung nach § 19 Abs. 3 BNatSchG handelt es sich um eine „echte" Abwägung, bei der die widerstreitenden Belange durch die zuständige Behörde gegenüberzustellen und zu gewichten sind sowie eine dem Grundsatz der Verhältnismäßigkeit entsprechende Entscheidung zu treffen ist. Die getroffene Entscheidung ist gerichtlich nur eingeschränkt überprüfbar[24].

Auch im Rahmen dieser Abwägung kommt dem § 63 Nr.3 BNatSchG die Aufgabe zu, die Funktionalität, d.h. die Nutzungsmöglichkeit der vorhandenen Bahnstrecke zu gewährleisten.

Auch wenn man im Rahmen der Abwägung zu dem Ergebnis kommen sollte, dass dem Schutz des Landschaftsbildes eigentlich der Vorrang gegenüber dem Interesse an der weiteren Nutzungsmöglichkeit der Bahnstrecke im bisherigen Umfang einzuräumen ist, so wird das konkrete Vorhaben dennoch nicht unzulässig, soweit es ansonsten zu einer Beeinträchtigung der Funktionsfähigkeit des geschützten Altbestandes kommen würde.

Würde sich also im vorliegenden Fall der neu zu errichtende GSM-R-Mast trotz aller Kompensationsmaßnahmen derart nachteilig auf das Landschaftsbild auswirken, dass man im Rahmen der Abwägung nach § 19 Abs. 3 BNatSchG zu dem Ergebnis käme, dieses wäre vorrangig zu schützen, so steht dies nach § 63 Nr.3 BNatSchG einer Zulassung des GSM-R-Mastes dennoch nicht entgegen, wenn dieser an der geplanten Stelle errichtet werden muss, um die bisherige

---

[24] BVerwG, Az. 4 C 44/87

Nutzungsmöglichkeit der Bestandsstrecke auch weiterhin gewährleisten zu können.

IV. Inhalt der Ausgleichs- und Ersatzpflicht nach § 19 Abs. 2 BNatSchG

Die vorangegangenen Ausführungen unter 4. haben aufgezeigt, wie die Regelung des § 63 Nr.3 BNatSchG die nach § 19 BNatSchG bestehenden Verpflichtungen eines Eingriffsverursachers modifiziert.

Abschließend soll nun noch auf einen Punkt eingegangen werden, der zwar nicht spezifisch mit der hier behandelten Problematik im Zusammenhang steht, der aber dennoch sehr häufig in derartigen Fällen Schwierigkeiten bereitet. Es geht dabei um die Frage des Inhalts der Ausgleichs- und Ersatzpflicht nach § 19 Abs. 2 BNatSchG bei Eingriffen in das Landschaftsbild (nachfolgend 5.1) und dabei vor allem um die Forderung der Naturschutzfachbehörden nach der Festsetzung von Ersatzgeldzahlungen (nachfolgend 5.2).

1. Möglichkeit der Kompensation bei Eingriffen in das Landschaftsbild

Unter 3.2.2 wurde bereits ausgeführt, dass bei der Neuerrichtung von GSM-R-Masten an Bestandsstrecken aufgrund der vorhandenen Vorbelastung nur in seltenen Fällen ein Eingriff in das Landschaftsbild gegeben sein wird. Sollte jedoch einmal ein solcher Fall vorliegen, so stellt sich die Frage, ob ein derartiger Eingriff durch Realmaßnahmen überhaupt kompensiert werden kann.

2. Umfang der Kompensationsverpflichtung

Der Gesetzgeber fordert in diesem Zusammenhang nicht, dass die optischen Störungen des Landschaftsbildes, die durch eine Maßnahme hervorgerufen werden, vollständig behoben werden[25]. Ein solches Ansinnen wäre in den meisten Fällen in der Praxis auch gar nicht durchführbar, da es z.B. nur schwerlich gelingen dürfte, ein weithin sichtbares Bauwerk durch Aufwuchsmaßnahmen etc. vollständig zu verdecken[26]. Von einer Kompensation ist vielmehr bereits dann auszugehen, wenn das Landschaftsbild wiederhergestellt oder gleichfalls landschaftsgerecht neu gestaltet wird. Durch die vorgesehenen Kompensationsmaßnahmen muss mit anderen Worten ein Zustand geschaffen werden, der unter Beibehaltung der bislang prägenden Elemente, mit dem vor dem Eingriff bestehenden Landschaftsbild verglichen werden kann und keinen erheblichen Eingriff mehr erkennen lässt[27].

a) Bewertung der vorgesehenen Kompensationsmaßnahmen

Aufgrund der subjektiven Wertungen, die bei einer solchen Betrachtung zwangsläufig mit einfließen, liegt es in der Natur der Sache, dass es hier – anders als etwa bei Eingriffen in den Naturhaushalt – nicht möglich ist, die Intensität des Eingriffs in das Landschaftsbild einerseits und die Wertigkeit der vorgesehenen Ausgleichsmaßnahme andererseits rechnerisch zu bewerten und gegeneinander in Relation zu setzen Man wird am Ende einer solchen Prüfung nicht mit Zahlen belegen können, ob ein Eingriff nun kompensiert ist, oder nicht. Es muss in diesem Zusammenhang zwangsläufig genügen, die jeweiligen Abwägungsposten summarisch abzuschätzen und zueinander in Relation zu setzen, um zu einer sachgerechten Beurteilung zu kommen[28].

---

[25] BVerwG, Az. 11 A 4.96; OVG Nordrhein-Westfalen, Az. 7a D 144/97.NE
[26] Vgl. dazu etwa OVG Niedersachsen, Az. 7 L 5352/95
[27] BVerwG, Az. 11 A 4.96; BVerwG, Az. 4 C 44/87; OVG Nordrhein-Westfalen, Az. 7a D 144/97.NE
[28] Hessischer VGH, Az. 2 UE 969/88

b) Anforderungen an die vorgesehenen Kompensationsmaßnahmen

Wie bereits unter 4.3 dargestellt, werden Ausgleichs- und Ersatzmaßnahmen durch die Neuregelung des § 19 Abs. 2 BNatSchG nicht vollkommen gleichgestellt. Auch weiterhin sind vorrangig Ausgleichsmaßnahmen durchzuführen und nur wenn dies nicht möglich ist, kann auf anderweitige Kompensationsmaßnahmen (Ersatzmaßnahmen) ausgewichen werden (§ 19 Abs. 2 Satz 1 BNatSchG). Gleichwohl sind nunmehr beide im Rahmen der Abwägung nach § 19 Abs. 3 BNatSchG zu berücksichtigen.

Selbst wenn keine dahingehende Verpflichtung besteht, die Ausgleichs-, bzw. Ersatzmaßnahmen am Ort des Eingriffs bzw. in dessen unmittelbaren Nahbereich vorzunehmen, so ist der Vorhabensträger bei der Wahl des betreffenden Standorts dennoch nicht vollkommen freigestellt. Die Kompensationsmaßnahmen müssen sich noch dort auswirken, wo auch die mit dem Vorhaben verbundenen Beeinträchtigungen auftreten, es muss mit anderen Worten zwischen beiden ein funktioneller und landschaftsräumlicher Zusammenhang bestehen[29].

Übertragen auf die vorliegend behandelte GSM-R-Problematik bedeutet dies, dass der betreffende Vorhabensträger nicht unbedingt und zwingend dazu verpflichtet ist, die Kompensation für die Beeinträchtigung des Landschaftsbildes im unmittelbaren Umfeld des Maststandortes durchzuführen (z.B. durch Anpflanzungen zur Verdeckung). Vielmehr kann er auch in einem größerem Abstand zum Maststandort Kompensationsmaßnahmen vorsehen (z.B. durch die Aufwertung der Landschaft mittels eines Grünzuges, der den Blick des

---

[29] BVerwG, Az. 4 C 44/87; BVerwG, Az. 4 A 29/95; BayVGH, Az. 20 A 99.40023; Gassner, in: Gassner u.a.: BNatSchG: § 8, Rdnr. 36

Beobachters vom frei stehenden Mast ablenkt[30]), wenn ein Ausgleich im unmittelbaren Eingriffsbereich aus tatsächlichen oder rechtlichen Gründen einmal nicht möglich sein sollte. In solchen Fällen ist es jedoch unabdingbar, dass der im vorhergehenden Absatz beschriebene Zusammenhang zwischen Eingriff und Kompensation erkennbar ist.

Schließlich ist noch darauf hinzuweisen, dass der Ausgleich bzw. Ersatz für den erfolgten Eingriff in das Landschaftsbild binnen einer angemessenen Frist herbeizuführen ist. Ist z.B. beabsichtigt, den Eingriff mittels einer sichtverdeckenden Anpflanzung auszugleichen, so sind solche Gehölzarten zu wählen, die einen entsprechenden Erfolg binnen weniger Jahre gewährleisten[31]. Auf der anderen Seite erfüllt die Maßnahme ihren Zweck nur, wenn sie auch auf die nötige Dauer angelegt ist. Die Kompensationswirkung muss so lange anhalten, wie die Beeinträchtigung infolge des Eingriffs[32]. Um dies auf Dauer zu gewährleisten, kann es für die Planfeststellungsbehörde geboten sein, dem Vorhabensträger Pflege- und Unterhaltungsmaßnahmen aufzuerlegen.

3. Zur Frage des Ersatzgeldes

Wie eingangs erwähnt, sieht sich die für die Errichtung von GSM-R-Masten zuständige Planfeststellungsbehörde häufig mit Forderungen der beteiligten Fachbehörden nach Ersatzgeldzahlungen konfrontiert. Es ist dabei auffällig, dass diese Forderungen entweder gar nicht, oder nur mit einem Hinweis auf entsprechende Abkommen mit dem Vorhabensträger begründet werden.

---

[30] Vgl. zu solchen optischen Aufwertungen etwa BVerwG, Az. 11 A 4.96; OVG Nordrhein-Westfalen, Az. 7a D 144/97.NE
[31] Fischer-Hüftle, in: Engelhardt/Brenner/Fischer-Hüftle: Naturschutzrecht in Bayern: Art. 6a, Rdnr. 25

a) Subsidiarität des Ersatzgeldes

Im Zusammenhang mit diesen Forderungen ist zunächst zu beachten, dass realen Ersatzmaßnahmen stets der Vorrang vor finanziellen Aufwendungen einzuräumen ist[33]. Ersatzzahlungen können grundsätzlich nur die letzte Möglichkeit der Kompensation bilden[34]. Seitens des Gesetzgebers wurde dieses Rangverhältnis durch entsprechende Regelungen noch einmal festgelegt und klargestellt (vgl. insoweit z.B. Art. 6a Abs. 3 Satz 2 BayNatSchG).

b) Ausnahmetatbestände

Von dem soeben beschriebenen Grundsatz kann nur in zwei Fällen abgewichen werden. Die erste Ausnahme liegt dann vor, wenn dem Vorhabensträger die Durchführung von realen Ersatzmaßnahmen nicht möglich ist. Der zweite Ausnahmetatbestand ist dann gegeben, wenn die Ziele und Grundsätze von Naturschutz und Landschaftspflege mittels einer Ersatzzahlung besser als durch reale Ersatzmaßnahmen verwirklicht werden können[35].

c) Begründungspflicht

Es liegt auf der Hand, dass von diesem gesetzlich manifestierten Vorrangverhältnis nicht ohne nähere Begründung abgewichen werden darf.

---

[32] Fischer-Hüftle, in: Engelhardt/Brenner/Fischer-Hüftle: Naturschutzrecht in Bayern: Art. 6a, Rdnr. 26
[33] Hessischer VGH, Az. 2 UE 969/88
[34] Fischer-Hüftle, in: Engelhardt/Brenner/Fischer-Hüftle: Naturschutzrecht in Bayern: Art. 6a, Rdnr. 42
[35] Fischer-Hüftle, in: Engelhardt/Brenner/Fischer-Hüftle: Naturschutzrecht in Bayern: Art. 6a, Rdnr. 42

Beruft sich der Vorhabensträger im ersten Ausnahmefall auf den Umstand, dass ihm[36] die Durchführung von realen Ersatzmaßnahmen nicht möglich ist, so hat er dies substantiiert zu begründen. Unter 5.1.3 wurde ausgeführt, dass Ersatzmaßnahmen nicht zwingend in unmittelbarer Nähe zum Eingriffsort vorgenommen werden müssen, sondern vielmehr bereits dann geeignet sind, wenn sie einen funktionellen Zusammenhang mit der Stelle erkennen lassen, an der die mit dem Vorhaben verbundenen Beeinträchtigungen auftreten. Dadurch steht aber regelmäßig eine größere Palette an Ersatzmöglichkeiten im Umfeld des Eingriffsorts zur Verfügung, so dass ein Fall des subjektiven Unvermögens seitens des Vorhabensträgers nur in seltenen Ausnahmetatbeständen gegeben sein dürfte. In jedem Falle hat er dieses Unvermögen zur realen Kompensation schlüssig nachzuweisen, um einen vorschnellen Freikauf und damit einen Missbrauch dieses Ausnahmetatbestandes zu verhindern[37]. So kann er sich etwa – soweit es um öffentliche Vorhaben geht – vor dem Hintergrund der Möglichkeit zur Enteignung nicht ohne weiteres darauf berufen, dass es ihm nicht möglich sei, sich die für die Umsetzung der Ersatzmaßnahmen benötigten Grundstücke zu verschaffen.

Der zweite Ausnahmefall – die Ziele und Grundsätze von Naturschutz und Landschaftspflege können mittels einer Ersatzzahlung besser als durch Realmaßnahmen verwirklicht werden – verlangt nach einer spezifisch naturschutzfachlichen Wertung. Die Planfeststellungsbehörde selbst wird – wenn überhaupt – nur in evidenten Ausnahmefällen erkennen können, ob die

---

[36] Es ist in diesem Zusammenhang darauf hinzuweisen, dass solche realen Ersatzmaßnahmen objektiv (!) möglich sein müssen, da ansonsten bereits eine Grundvoraussetzung für die Ersatzgeldforderung fehlt; vgl. dazu u.a. auch OVG Nordrhein-Westfalen, Az. 7 a 340/93

[37] Fischer-Hüftle, in: Engelhardt/Brenner/Fischer-Hüftle: Naturschutzrecht in Bayern: Art. 6a, Rdnr. 43

entsprechenden Voraussetzungen dieser Alternative vorliegen. Hier ist es die Aufgabe der beteiligten Naturschutzfachbehörden, in einer gut begründeten Stellungnahme darzulegen, warum im konkreten Fall eine Ersatzzahlung besser zur Kompensation des Eingriffs geeignet ist, als Realmaßnahmen[38]. Dabei ist ein Vergleich zwischen den (möglichen) Ersatzmaßnahmen sowie einer Ersatzgeldzahlung anzustellen. Im Rahmen der dabei zu treffenden Entscheidung ist immer der subsidiäre Charakter der Ersatzgeldzahlung zu berücksichtigen. Keinesfalls ist es daher ausreichend, wenn die Naturschutzfachbehörden ohne nähere Begründung im konkreten Fall auf die Vorzugswürdigkeit einer Ersatzgeldzahlung verweisen. Ebenso genügt es nicht, eine dahingehende Vereinbarungen mit dem Vorhabensträger anzuführen, in der dieser sich zur Zahlung eines bestimmten Prozentsatzes der Bausumme verpflichtet. Der Wille des Gesetzgebers kommt in Art. 6a Abs. 3 Satz 2 BayNatSchG eindeutig zum Ausdruck und lässt sich nicht ohne weiteres durch vertragliche Regelungen abbedingen.

V. Fazit

Bei der Neuerrichtung von GSM-R-Masten ist stets genau zu prüfen, ob ein Eingriff i.S.d. § 18 Abs. 1 BNatSchG vorliegt. Aufgrund ihrer Beschaffenheit dürfte in der Regel allein eine erhebliche Beeinträchtigung des Landschaftsbildes in Betracht kommen. Im Rahmen dieser Prüfung sind die bestehenden Vorbelastungen mit zu berücksichtigen. Da sich die Maststandorte zumeist in unmittelbarer Nähe der Bestandsstrecke befinden und mittlerweile zum „normalen" Streckenbild dazugehören, ist ein Eingriff in das Landschaftsbild wohl nur dann zu bejahen, wenn der neue Maststandort an einer

---

[38] Fischer-Hüftle, in: Engelhardt/Brenner/Fischer-Hüftle: Naturschutzrecht in Bayern: Art. 6a,

exponierten Stelle liegt, an der er das bestehende Landschaftsbild nachhaltig zu stören vermag. Liegt ausnahmsweise einmal ein solcher Eingriff vor, so ergeben sich die Rechtsfolgen aus § 19 BNatSchG. Der in diesen Fällen anwendbare § 63 Nr.3 BNatSchG führt zwar nicht dazu, dass auf den betreffenden Bahnflächen ein naturschutzfreier Raum entsteht, er modifiziert diese Regelungen aber dahingehend, dass die zu treffenden Ausgleichs- und Ersatzmaßnahmen bzw. das Ergebnis der Abwägung nicht zu einer Beeinträchtigung der Funktionsfähigkeit der Strecke führen dürfen, mit anderen Worten der neue GSM-R-Mast also trotz gewichtiger gegenläufiger naturschutzfachlicher Interessen zuzulassen ist. Hinsichtlich der zu treffenden Ausgleichs- und Ersatzmaßnahmen wurde festgestellt, dass auch bei einem Eingriff in das Landschaftsbild eine Kompensation durch Realmaßnahmen möglich ist. Ersatzgeldzahlungen können schließlich nur in zwei Ausnahmefällen bei einer entsprechend substantiierten Begründung verlangt werden.

Rdnr. 44

Oberregierungsrat Michael Maul, Eisenbahn-Bundesamt

Anwendbarkeit und Handhabung der Plangenehmigung gemäß § 18 2 AEG am Beispiel der Errichtung eines neuen Haltepunktes bzw. der Errichtung eines GSM-R-Mastes

1. Einleitung

Die Deutsche Bahn AG plant, das seit vielen Jahren bundesweit genutzte, aber den wachsenden Anforderungen nicht mehr gewachsene analoge Funksystem durch ein einheitliches, alle bisherigen analogen Funkdienste integrierendes digitales Mobilfunksystem zu ersetzen. Der in den öffentlichen Mobilfunknetzen bewährte GSM-Standard wird mit einigen für den Eisenbahnbetrieb erforderlichen Zusatzspezifikationen versehen und heißt daher "Global Standard for Mobilecommunication-Rail" (abgekürzt: GSM-R). Dieses Telekommunikationsnetz besteht aus einigen zentralen Vermittlungsstellen und zahlreichen Basisstationen in unmittelbarer Nähe der Eisenbahnstrecken.

Gegenstand dieser Ausarbeitung ist die Darstellung der planungsrechtlichen Seite sowie das Aufzeigen von Rechtsproblemen und Lösungsmöglichkeiten in der alltäglichen Anwendung.

2. Planungsrechtliche Behandlung

Die Außenstellen des EBA werden derzeit mit einer Vielzahl von Anträgen der DB-Telematik-GmbH (früher: Mannesmann Arcor AG & CO) auf planungsrechtliche Entscheidung durch das EBA konfrontiert. Es stellt sich die Frage, wie diese Fälle planungsrechtlich zu behandeln sind.

§ 18 AEG

§ 18 AEG setzt zunächst voraus, dass eine Betriebsanlage einer Eisenbahn geändert werden soll. Zu den Betriebsanlagen gehören die Grundstücke, Bauwerke und sonstigen ortsfesten Einrichtungen der Eisenbahn, soweit sie unter Berücksichtigung der örtlichen Verhältnisse zur Abwicklung oder Sicherung des Reise- oder Güterverkehrs auf der Schiene erforderlich sind. Entscheidend ist sowohl der räumliche als auch funktionale Zusammenhang mit dem Eisenbahnbetrieb.

Das GSM-R- Netz dient ausschließlich der betrieblichen Kommunikation und ist nicht für die öffentliche Nutzung, etwa durch Reisende, bestimmt. Durch Neuerrichtung bzw. Erhöhung eines Mastes wird die Betriebsanlage geändert.

Die sachliche Zuständigkeit des EBA für eine Eisenbahn des Bundes ist gemäß § 3 (3) EVerkVerwG gegeben, weil die antragstellenden Mitarbeiter der Mannesmann Arcor AG & Co durch das Eisenbahninfrastrukturunternehmen DB Netz AG zur Planung und Beantragung der planungsrechtlichen Entscheidung bevollmächtigt sind.

Die Voraussetzungen für eine planungsrechtliche Entscheidung nach § 18 AEG sind daher erfüllt.

§ 18 (2) AEG

Da ein Planfeststellungsverfahren nach § 18 (1) AEG mit einem sehr großen Aufwand verbunden ist, soll hier untersucht werden, ob und unter welchen Voraussetzungen die Erteilung einer Plangenehmigung in Betracht kommt.

Keine formalisierte Umweltverträglichkeitsprüfung
Zunächst darf die Plangenehmigung gemäß § 18 (2) 1 AEG nicht dadurch ausgeschlossen sein, dass es sich um ein Vorhaben handelt, für das eine Umweltverträglichkeitsprüfung durchzuführen ist.
Da dieses Thema nicht Schwerpunkt der Ausarbeitung sein soll, wird folgend unterstellt, dass eine formalisierte Umweltverträglichkeitsprüfung nicht erforderlich ist.

Träger öffentlicher Belange
Ebenfalls unterstellt wird, dass mit den Trägern öffentlicher Belange, deren Aufgabenbereich berührt wird, das Benehmen hergestellt worden ist (vgl. § 18 (2), 2 AEG). In erster Linie wäre hier an den Belang des Naturschutzes in Form der Beeinträchtigung des Landschaftsbildes zu denken.

Keine entgegenstehenden Rechte anderer
Gemäß § 18 (2), 3 AEG dürfen die Rechte anderer nicht beeinträchtigt werden, oder die Betroffenen müssen sich mit der Inanspruchnahme ihres Eigentumes oder eines anderen Rechts schriftlich einverstanden erklärt haben.

Folgende Rechtspositionen könnten durch die planungsrechtliche Entscheidung zur Errichtung einer GSM-R-Sendeanlage beeinträchtigt werden:

(1) Eigentumsbeeinträchtigungen
Eigentumsbeeinträchtigungen sind insoweit denkbar, als die GSM-R-Anlage auf ein Nachbargrundstück, das sich nicht im Eigentum der Vorhabenträgerin befindet, einwirkt.

Für die weitere Betrachtung der Anwendbarkeit der Plangenehmigung wird unterstellt, dass das Nachbargrundstück nicht für die GSM-R-Antennenanlage oder Basisstation direkt, d.h. baulich in Anspruch genommen wird. Die unmittelbare Eigentümerbetroffenheit ist daher nicht zu behandeln. Untersucht wird nur der Fall der sog. mittelbaren Betroffenheit, d.h. die Möglichkeit der Nutzungsbeeinträchtigung des Grundstückes durch die Eisenbahnbetriebsanlage.

Als Betroffene kommen zunächst Volleigentümer, Miteigentümer, Wohnungseigentümer, Erbbauberechtigte sowie Nießbraucher in Betracht.
Gemäß Entscheidung des BVerfG (NJW 1993, 2035) unterfallen aber auch Miete und Pacht dem umfassenden Schutz des Art. 14 (1) GG, sodass sich zusätzlich die hieraus resultierenden Abwehrrechte der Mieter und Pächter gegenüber einer Beeinträchtigung durch eine planfestgestellte Eisenbahnbetriebsanlage ergeben. Das Gleiche gilt für den Inhaber eines eingerichteten und ausgeübten Gewerbebetriebes.

Bei GSM-R-Anlagen handelt es sich um Hochfrequenzanlagen im Sinne des § 1 (2) 26.BImSchV. Gemäß § 2 26.BImSchV sind Hochfrequenzanlagen so zu errichten und zu betreiben, dass in ihrem Einwirkungsbereich in Gebäuden oder auf Grundstücken, die zum nicht nur vorübergehenden Aufenthalt von Menschen bestimmt sind, bei höchster betrieblicher Anlagenauslastung und unter Berücksichtigung von Immissionen durch andere ortsfeste Sendefunkanlagen, näher bezeichnete Grenzwerte der elektrischen und magnetischen Feldstärke für den jeweiligen Frequenzbereich nicht überschritten werden. Bei gepulsten elektromagnetischen Feldern darf außerdem der

Spitzenwert für die elektrische und magnetische Feldstärke das 32-fache der Grenzwerte der Anlage 1 nicht überschreiten.

Um die Einhaltung dieser Grenzwerte zu gewährleisten, muss der Sperrbereich bestimmt werden, in dem sie nicht eingehalten werden. Hierzu dient die von der Regulierungsbehörde für Telekommunikation und Post (RegTP) ausgestellte Standortbescheinigung. Die Standortbezeichnung bezeichnet unter Berücksichtigung der Feldstärken aller sich am Ort befindenden Sendeeinrichtungen den so genannten Sicherheitsbereich, in dem sich Menschen nicht ständig aufhalten dürfen, ohne das die Gefahr einer Gesundheits-gefährdung besteht.

Im Umkehrschluss ist eine Gesundheitsgefährdung außerhalb des Sicherheitsbereichs nach dem derzeitigen Wissensstand für gesunde Menschen nicht zu erwarten.

Eine Beeinträchtigung und damit eine Nutzungsminderung könnte sich außerdem noch durch die mit dem Betrieb der Anlage verbundenen Betriebsgeräusche, nämlich durch Lüfter und Klimaanlage der Fernmeldeeinheit ergeben.
Diese Geräuscheinwirkungen werden nach der 6. allgemeinen Verwaltungsvorschrift zum BImSchG (TA Lärm vom 26.8.1998) beurteilt. Die GSM-R-Sendeanlage ist keine genehmigungsbedürftige Anlage im Sinne des § 4 BImSchG i.V.m. § 1 4. BImSchV. Für die Immissionsrichtwerte gelten die je nach Gebiet unterschiedlichen Grenzwerte in Punkt 6.1. der TA Lärm. Werden die Grenzwerte eingehalten, ist eine Gesundheitsbeeinträchtigung nicht anzunehmen.

Liegt keine Gesundheitsbeeinträchtigung vor, beeinträchtigt die Maßnahme – zumindest aus dieser Sicht – nicht die Nutzbarkeit des Grundstückes, beispielsweise für Wohn- oder Geschäftszwecke.

(2) Gesundheitsbeeinträchtigung:
Durch die Einwirkung elektromagnetischer Felder oder von Lärm ist ein Eingriff in die Gesundheit nicht ausgeschlossen. Gesundheit ist als Teil der körperlichen Unversehrtheit gemäß Art. 2 (2) 1 GG ein höchstpersönliches Rechtsgut, das durch einen entsprechenden Abwehranspruch geschützt ist. Allerdings muss eine gewichtige Betroffenheit der Gesundheit vorliegen, die über das Maß einer bloßen Belästigung hinausgeht.

Wegen der Voraussetzungen, unter denen mit einer Beeinträchtigung der Gesundheit zu rechnen ist, wird auf die Ausführungen zu a) verwiesen.

(3) Gemeindliche Planungshoheit
Denkbar wäre auch, dass die Errichtung einer GSM-R-Antenne mit einer Beeinträchtigung der gemeindlichen Planungshoheit einher geht. Denn es ist der Fall denkbar, dass ein Bebauungsplan unter anderem im Sicherheitsbereich eine Bebaubarkeit vorsieht.
Die gemeindliche Planungshoheit ist tangiert, wenn eine bereits hinreichend konkretisierte Planung der Gemeinde entweder vollständig zunichte gemacht oder wesentlich erschwert wird. Sie ist ferner tangiert, wenn ein großer Teil des Gemeindegebietes von der Planung betroffen wird. Nicht ausreichend ist es, wenn das Gemeindegebiet von der Maßnahme nur berührt wird oder nicht mehr uneingeschränkt zur Verfügung steht. Die Gemeinde hat keinen Anspruch auf uneingeschränkte Erhaltung ihres Gesamtgebietes (Freihaltebelang).

Aus den Anforderungen ergibt sich bereits, dass eine Beeinträchtigung der Planungshoheit durch eine GSM-R-Sendeanlage kaum eintreten kann. Selbst wenn der Sicherheitsbereich auf ein Grundstück eines beplanten Gebietes ragen würde, stünde nur dieses eine Grundstück möglicherweise nicht für die im Bebauungsplan festgesetzte Bebauung zur Verfügung.

Etwas anderes wäre es, wenn die Gemeinde selbst Eigentümerin des genannten Grundstückes wäre. Sie könnte sich dann bei Vorliegen der oben genannten Voraussetzungen erfolgreich der Plangenehmigung widersetzen.

(4) Störung öffentlicher Einrichtungen

Hier handelt es sich um eine geschützte Rechtsposition der Gemeinden, wenn sie im Bereich des Vorhabens eine öffentliche Einrichtungen wie Schulen, Kindergärten oder Krankenhäuser unterhalten. Allerdings muss eine der genannten Einrichtungen auch durch die planfestzustellende Maßnahme beeinträchtigt werden. Bei GSM-R-Sendeeinrichtungen hängt das ganz maßgeblich von der Lage der Anlage und des Grundstückes ab. Wegen der möglichen Eigentums- und Gesundheitsbeeinträchtigung gelten die unter a) und b) gemachten Ausführungen.

(5) Verunstaltung des Ortsbildes

Ein Sendemast ist meist weithin sichtbar. Dabei spielt es keine Rolle, ob der Mast neu gebaut, oder nur erhöht werden soll. Eine möglicherweise vorher schon vorhandene Belastung des Ortsbildes wird durch die Erhöhung verstärkt. Somit ist nicht auszuschließen, dass die planungsrechtliche Entscheidung mit einer Beeinträchtigung des kommunalen Selbstgestaltungsrechtes einhergeht. Das kommunale Selbstgestaltungsrecht beinhaltet das Recht der Gemeinde, sowohl das Gepräge, als auch die Struktur des Ortes zu bestimmen. Allerdings liegt eine Verletzung dieser Rechtsposition erst dann vor, wenn die Beeinträchtigung von einem gewissen Gewicht ist und das Ortsbild entscheidend neu und dauerhaft geprägt wird.

Dies ist bei der Errichtung einer einzelnen Sendeanlage grundsätzlich wenig wahrscheinlich. Die Sendemasten sind ab einer gewissen Höhe zwar durchaus sichtbar, prägen aber das Ortsbild nicht grundlegend. Bei einer Erhöhung eines bereits bestehenden Mastes sind zudem nur die Beeinträchtigungen zu betrachten, die sich aus dem erhöhten Teil ergeben.

Zwischenergebnis in Fallgruppen

(1) Sicherheitsbereich vollständig auf Flächen der Vorhabenträgerin, bzw. der "Bahn" und Einhaltung der Grenzwerte der TA Lärm im Bereich der Grundstücksgrenze

In diesem Fall liegen keine Rechtsbeeinträchtigung anderer vor. Eine Zustimmung eines Nachbarn der Eisenbahngrundstücke ist somit nach Wortlaut und Sinn des § 18 (2) AEG entbehrlich. Eine Plangenehmigung könnte ergehen.

(2) Der Sicherheitsbereich ragt in geringer Höhe in ein bebautes Nachbargrundstück herein

Hier liegt eine Rechtsbeeinträchtigung sowohl des Grundstückseigentümers als auch der evtl. vorhandenen Mieter, Pächter, Nießbraucher oder Gewerbetreibenden vor. Der Eigentümer ist im Hinblick auf die Vermietbarkeit oder auch gewerbliche Nutzbarkeit unmittelbar finanziell beeinträchtigt. Sollte er das Objekt – beispielsweise zu Wohnzwecken – selbst nutzen, kann er, wie auch der Mieter oder Gewerbetreibende, in seiner körperlichen Unversehrtheit beeinträchtigt sein. Die Zustimmung der Betroffenen ist erforderlich. Sind mehrere Wohnungen vermietet und ist nur ein Teil der Wohnungen betroffen, so sind nur die Mieter beeinträchtigt, deren Wohnung durch den eindringenden Sicherheitsbereich berührt ist. Liegen die erforderlichen Zustimmungen nicht vor, ist eine Plangenehmigung nach § 18 (2) AEG nicht möglich.

Aber auch die (hilfsweise) Durchführung eines Planfeststellungsverfahrens nach § 18 (1) AEG wäre mit zahlreichen Problemen behaftet. Zwar können geschützte Rechtspositionen grundsätzlich durch andere höherwertige Belange in der Abwägung überwunden werden; allerdings stellt die Beeinträchtigung eine Enteignung dar. Es dürfte nur unter ganz besonderen Umständen möglich sein, die Erforderlichkeit der Enteignung mit der Argumentation zu belegen, dass die Sendeanlage ausgerechnet an dem planfestgestellten Ort aufgestellt werden muss und nicht um einige Meter vom beeinträchtigten Grundstück weg verschoben werden kann. Deshalb sollte in den Fällen der Nichtzustimmung des Rechtsinhabers sehr eingehend geprüft werden, ob das Problem nicht durch Verschiebung des ursprünglich vorgesehenen Maststandortes gelöst werden kann. Der Standort ist sicher dann verschiebbar, wenn die vollständige Aufrechterhaltung des Funkverkehrs auf der Strecke auch an dem neuen Maststandort gewährleistet ist. Ist er nicht verschiebbar, muss in dem Planfeststellungsbeschluss in der Abwägung eine umfassende Variantenuntersuchung vorangegangen sein.

(3) Der Sicherheitsbereich ragt in ein unbebautes Nachbargrundstück herein

Ob eine Beeinträchtigung gegeben ist, hängt von der Art der Nutzungsmöglichkeit ab.

Ist ein gemeindlicher Bebauungsplan gemäß § 30 (1) BauGB vorhanden, ist zu zunächst zu überprüfen, ob danach eine Bebauung zulässig wäre, die bei Ausführung in den Sicherheitsbereich der GSM-R-Einrichtung hereinragen würde. Ist dies der Fall, ergeben sich für den Grundstückseigentümer Einschränkungen hinsichtlich der Bebaubarkeit seines Grundstückes. In diesem Fall liegt eine Rechtsbeeinträchtigung vor, die im Falle einer Verweigerung der Zustimmung die Plangenehmigung nach § 18 (2) AEG ausschließt. Das Gleiche gilt für den Fall, dass entweder kein Bebauungsplan vorhanden ist oder der Bebauungsplan den Anforderungen des § 30 (1) BauGB nicht genügt und nach den §§ 34, 35 BauGB eine Bebauung zulässig wäre, die bei Ausführung in den Sicherheitsbereich hereinragen würde. Auch hier wäre im Fall einer Bebauung eine nur eingeschränkte Nutzbarkeit möglich.

(4) Der Sicherheitsbereich ragt in großer Höhe in ein Nachbargrundstück herein

Handelt es sich um ein bebautes Grundstück, bedarf es zunächst der Feststellung, ob sich ein Gebäude im Sicherheitsbereich befindet. Ist dies der Fall, gelten die unter b) gemachten Ausführungen. Ohne Zustimmung der Betroffenen ist die Erteilung einer Plangenehmigung für die Errichtung einer GSM-R- Sendeanlage nicht möglich.

Ist das Grundstück nicht bebaut, oder befindet sich der Sicherheitsbereich weit oberhalb einer bestehenden Bebauung, ist zu prüfen, inwieweit dies als Eigentumsbeeinträchtigung anzusehen ist. Abzustellen ist insoweit auf § 905 BGB. Danach erstreckt sich das Grundeigentum zwar auch auf den Luftraum oberhalb der Oberfläche. Allerdings ist der Eigentümer zur Duldung von Einwirkungen verpflichtet, die in einer solchen Höhe vorgenommen werden, dass er an der Ausschließung der Einwirkungen kein Interesse mehr haben kann. Für den konkreten Fall kann dies nur bedeuten, dass nachzufassen ist, ob aufgrund §§ 29 ff BauGB vor Ort entweder eine Bebauung bis in den Sicherheitsbereich möglich ist, oder die Nutzung anderweitig durch den Sicherheitsbereich beeinträchtigt wird. Ist dies der Fall, sind die Zustimmungen der Betroffenen für eine Plangenehmigung erforderlich. Fehlen sie, dann ist die Plangenehmigung nicht möglich.

Problemfälle
Nach den oben genannten Ausführungen ist leicht vorstellbar, dass die erforderliche Zustimmung eines Rechtsinhabers die Anwendung der Plangenehmigung zum Problemfall werden lassen kann. Sollte die Planfeststellungsbehörde das Vorliegen der geschützten Rechtsposition verneinen oder irrig vermuten, das Einverständnis aller Betroffenen erlangt zu haben, und eine Plangenehmigung erteilen, eröffnete dies für einen nicht beteiligten Betroffenen den Verwaltungsrechtsweg. Deshalb ist die Anwendung der Plangenehmigung als Planungsinstrument nicht risikolos: Zum einen besteht die Möglichkeit, dass entweder eine geschützte Rechtsposition oder ein Rechtsinhaber übersehen werden. In diesen Fällen kann die Plangenehmigung keinen Bestand haben, es sei denn, es kommt doch noch eine Einigung zwischen der Vorhabenträgerin und dem Betroffenen zustande. Nur dann läge eine Zustimmung vor, sodass der Plangenehmigung keine Hindernisse mehr entgegenstünden.
Denkbar ist aber auch, dass sich ein nicht beteiligter Nichtberechtigter gegen die Plangenehmigung wehren und das Vorhaben damit blockieren möchte. Die Folgen eines solchen Vorgehens sollen anhand folgenden Falles verdeutlicht werden. In dem Fall ging es zwar nicht um die Errichtung einer GSM-R-

Sendeanlage, sondern um die Errichtung eines Haltepunktes. Die Rechtsproblematik ist aber im Hinblick auf die Beteiligung Dritter im Verfahren vollständig vergleichbar.

(5) Fall: Klage eines nicht beteiligten Nachbarn

1998 plante die DB Station&Service AG die Neuerrichtung des vollständig auf bahneigenen Grundstücken liegenden Haltepunktes Gießen- Oswaldsgarten. In unmittelbarer Nachbarschaft hatten die späteren Kläger mit Zustimmung der ehemaligen DB Wohn- und Geschäftshäuser errichtet. Im Jahre 1998 erging eine Plangenehmigung des EBA. Die Nachbarn, die bis zu diesem Zeitpunkt nicht in Erscheinung traten, wurden auch nicht beteiligt, weil – insbesondere aus schallrechtlicher Sicht – keine Beeinträchtigungen zu erwarten waren. Die Kläger erfuhren von dem Vorhaben erst bei Beginn der Bauarbeiten Anfang 1999 und erhoben letztlich, weil sich keine Einigung zwischen der Vorhabenträgerin und ihnen anbahnte, Klage vor dem VG Gießen. In erster Instand obsiegten die Kläger. Der Hessische Verwaltungsgerichtshof ließ die Berufung gegen die erstinstanzliche Entscheidung zu, weil ernstliche Zweifel an der Richtigkeit des Urteiles bestanden. Unter dem Eindruck der geänderten Rechtslage nahmen die Kläger letztlich die Klage zurück. Die erstinstanzliche Entscheidung wurde durch Beschluss des Hessischen Verwaltungsgerichtshofs im Jahre 2002 aufgehoben. Da die Plangenehmigung aus dem Jahre 1998 somit Bestandskraft hat, können Anfang 2003 die Bauarbeiten fortgesetzt werden. Die Bauzeitverzögerung beträgt aber über vier Jahre.

(6) Problemdarstellung auf den Fall der GSM-R- Sendeeinrichtungen angepasst

Der geschilderte Fall der Errichtung des Haltepunktes ist vergleichbar mit dem

Fall, in dem eine GSM-R- Sendeeinrichtung errichtet wird und der Sicherheitsbereich nicht auf Nachbargrundstück ragt [(siehe oben Fall 4 a)]. In beiden Fällen sind Rechte anderer nicht berührt. Gleichwohl wendet sich ein Nachbar, der erkennbar keine Rechtsbeeinträchtigung vortragen kann, dem aber das Vorhaben nicht genehm ist, an das zuständige Verwaltungsgericht und blockiert somit auf lange Zeit ein Vorhaben. Es stellt sich daher die Frage, ob und wenn ja, wie dies in Zukunft verhindert werden kann.

(7) Sofortvollzug

Bei besonders wichtigen Vorhaben bietet sich unter den noch aufzuführenden Voraussetzungen die Anordnung der sofortigen Vollziehung nach § 80 (2), 4 VwGO an. Der Vorteil besteht darin, dass eine Klage keine aufschiebende Wirkung hat. Möchte der Nachbar die Herstellung der aufschiebenden Wirkung erreichen, muss er das Verfahren nach § 80 (5) VwGO betreiben. Im Eilverfahren, das regelmäßig sehr viel schneller als das Hauptsacheverfahren betrieben wird, ist die Rechtsauffassung des erkennenden Gerichtes alsbald erkennbar. Unter dem Eindruck des Beschlusses kann auf beiden Seiten entsprechend reagiert werden. Kommt das zuständige Verwaltungsgericht zu dem Ergebnis, dass unter Berücksichtigung der Gesamtrechtslage der Vortrag des Klägers voraussichtlich nicht zum Erfolg führen wird und seine Belange gegenüber dem besonderen Vollzugsinteresse zurückzustehen haben, ist es nach Erfahrung des EBA in der Vergangenheit sehr wahrscheinlich, dass der Kläger die Klage unter dem Eindruck dieser Entscheidung zurücknimmt, um sich die Kosten für eine etwaige klageabweisende Hauptsachenentscheidung zu ersparen.

Stellt das Verwaltungsgericht aber fest, dass die Plangenehmigung des EBA mit einem Rechtsfehler behaftet ist, weil Belange des Antragstellers nicht berücksichtigt wurden, dürfte es im Einzelfall anzuraten sein, die Entscheidung aufzuheben und ggf. den Sachverhalt unter Berücksichtigung der neuen Rechtslage erneut zu bescheiden.

Nicht behandelt wird hier der Fall einer Plangenehmigung, die die Änderung einer Eisenbahnbetriebsanlage zum Gegenstand hat, für die nach dem BSchwAG vordringlicher Bedarf festgestellt ist. Denn die oben genannten Vorteile des Sofortvollzuges treten unmittelbar ein, § 20 (5), 1 AEG i.V.m. § 80 (2), 3, 1 VwGO. Außerdem werden die meisten GSM-R-Sendeeinrichtungen an bestehenden Eisenbahnbetriebsanlagen errichtet, die regelmäßig nicht unter den vordringlichen Bedarf des BSchwAG fallen.

Somit ist zu prüfen, unter welchen Voraussetzungen die sofortige Vollziehung angeordnet werden kann. Gemäß § 80 (2) Nr. 4 VwGO kann die sofortige Vollziehung im öffentlichen Interesse oder überwiegenden Interessen eines Beteiligten angeordnet werden.
Voraussetzung ist also ein besonderes öffentliches Interesse im Einzelfall, das über das allgemeine Vollzugsinteresse, das dem Verwaltungsakt innewohnt, hinausgeht. Die tatsächlichen oder rechtlichen Voraussetzungen für den Verwaltungsakt sind hierfür nicht ausreichend. Vielmehr hat eine Abwägung des Individualinteresses, von der Maßnahme vorerst verschont zu bleiben, mit dem öffentlichen Interesse, die Maßnahme unter keinen Umständen weiter zu verzögern, zu erfolgen. Hierbei ist unter objektiven Gesichtspunkten zu prüfen, ob es der Öffentlichkeit zugemutet werden kann, den möglicherweise erst viele Jahre später erfolgenden Ausgang eines Verwaltungsstreitverfahrens abzuwarten. Wenn das öffentliche Interesse höher zu bewerten ist, als das Interesse des Einzelnen, kann die sofortige Vollziehung angeordnet werden.

Obige Ausführungen machen deutlich, dass die Vorhabenträgerin bei Antragstellung auf Anordnung der sofortigen Vollziehung zahlreiche Angaben machen muss, die den Sofortvollzug rechtfertigen. Denkbar wäre es, den Antrag damit zu begründen, dass anderenfalls die gesamte Strecke nicht ordnungsgemäß "ausgeleuchtet" werden kann, sodass hier das digitale Funknetz nicht zur Verfügung steht und Sicherheitsrisiken drohen. Der Antrag muss erhebliches Gewicht haben, weil er sonst vom Eisenbahn-Bundesamt zurückgewiesen werden müsste. Denn eine fehlerhafte Anordnung der sofortigen Vollziehung könnte im Falle eines Antrages nach § 80 (5) VwGO zur Stattgabe des Antrages führen. Es liegt auf der Hand, dass dies vermieden werden sollte.

(8) Beteiligung der unmittelbaren Nachbarschaft bei Nichtbetroffenheit
Durch die Klage eines nichtbeteiligten Nachbarn entstehen neben den oben genannten nachteiligen Zeitfolgen noch verstärkte Zeit- und Kostenrisiken, da er regelmäßig erst bei Baubeginn von der Maßnahme erfährt. Im Vorfeld wurde er – eben weil keine Rechtsbetroffenheit ersichtlich war – weder von der Vorhabenträgerin, noch vom EBA beteiligt. Demzufolge erhielt er auch keine planungsrechtliche Entscheidung zur Kenntnisnahme. Zum Zeitpunkt der Klage liegt die planungsrechtliche Entscheidung regelmäßig mehrere Monate, wenn nicht sogar Jahre zurück, und die Vorhabenträgerin muss mit Schadensersatzforderungen der beauftragten Firmen rechnen, weil sie die angebotenen Leistungen nicht erbringen dürfen. Da GSM-Anlagen in der breiten Bevölkerung ohnehin wegen der elektromagnetischen Felder kritisch betrachtet werden und dies im verstärkten Maße bei Nachbarn der Fall sein dürfte, stellt sich die Frage, ob diese nicht in das Verfahren nach § 18 (2) AEG einbezogen

werden sollten, und zwar auch dann, wenn sie erkennbar nicht von den elektromagnetischen Feldern betroffen sind.

Rechtsgrundlage für die Einbeziehung Dritter in das Plangenehmigungsverfahren ist – wegen Nichtanwendbarkeit des § 73 VwVfG für Plangenehmigungsverfahren – § 24 (2) VwVfG. Die Planfeststellungsbehörde, die den Sachverhalt von Amts wegen zu ermitteln hat, kann Art und Umfang der Ermittlungen bestimmen. Sie ist verpflichtet, den Sachverhalt umfassend zu ermitteln und kann den Umfang der Aufklärungspflicht damit bewusst weit wählen. Selbst, wenn Rechtspositionen Dritter erkennbar nicht betroffen sind, kann es geboten sein, Ermittlungen zur Wahrung allgemeiner Interessen aufzunehmen.

Diese Vorgehensweise entspricht der im Anhörungsverfahren nach § 73 VwVfG für Planfeststellungsverfahren nach § 18 (1) AEG. Auch hier wird der Kreis der Einwender bewusst ausgedehnt. Einwendungsberechtigt sind nach § 73 (4) VwVfG diejenigen, deren Rechte und sonstige schutzwürdige Interessen (Belange) durch das Vorhaben möglicherweise berührt werden können. Hierunter fallen auch Befürchtungen einer Grundstückswertminderung. Für die Einwendungsberechtigung ist aber nicht zwingend erforderlich, dass ein Eingriff in eine geschützte Rechtsposition vorliegt. Der Kreis der Einwendungsberechtigten ist somit deutlich weiter gezogen, als der Kreis der Rechtsbetroffenen im Sinne des § 42 (2) VwGO.

Somit ist es auch in Plangenehmigungsverfahren zulässig, den Kreis der Einzubeziehenden etwas weiter zu ziehen, wenn mit Widerständen gerechnet werden muss, wie es bei GSM-R-Sendeeinrichtungen regelmäßig der Fall ist. Für die erweiterte Beteiligung sprechen auch pragmatische Gesichtspunkte.

Wird ein Nachbar in dem Plangenehmigungsverfahren mit der Bitte um Zustimmung beteiligt, erhält er im Falle der Zurückweisung seiner Einwendung (was im Folgenden noch zu erörtern sein wird) die zugestellte Plangenehmigung. Er kann dann nur innerhalb eines Monats vor dem zuständigen Verwaltungsgericht Klage erheben. Anderenfalls wird die Plangenehmigung – vorausgesetzt es erhebt nicht ein anderer Klage – bestandskräftig. Unangenehme Überraschungen, wie im oben geschilderten Fall "Gießen-Oswaldsgarten" sind daher weniger wahrscheinlich. Wie weit der Kreis derjenigen zu ziehen ist, die in ihren Belangen betroffen sind, hängt von den Umständen des Einzelfalles ab. Befinden sich aber beispielsweise zwei Wohnhäuser knapp außerhalb des Sicherheitsbereiches, so erscheint es angemessen, zumindest die Eigentümer bzw. die bereits oben aufgeführten Personen in das Verfahren einzubeziehen.

Wird der Beteiligtenkreis weiter gezogen, stellt sich die Frage, wie mit den Einwendungen umgegangen werden muss. Eine Zurückweisung rechtserheblicher Einwendungen verbietet sich bei einer Plangenehmigung, da dieses Rechtsinstitut einen einfachen Rechtssachverhalt unterstellt, bei dem es keine entgegenstehenden geschützten Rechtspositionen gibt. Entgegenstehende Rechte schließen die Anwendung einer Plangenehmigung zwingend aus. Die Plangenehmigung sieht eine Abwägung ggf. unter Zurückweisung der Belange des Einwenders nicht vor. Aus diesem Grund kann in der Plangenehmigung eine Einwendung nur zurückgewiesen werden, wenn der Einwender keine geschützte Rechtsposition inne hat.

Die Entscheidung wird ihm, mit Rechtsmittelbelehrung versehen, zugestellt.

Ungelöst bleiben die Probleme, wenn der Kreis der Einwender nicht mehr sicher abgrenzbar ist oder wenn mit sehr vielen Einwendungen gerechnet werden muss. In diesem Fall gibt es zwei Möglichkeiten:
Entweder wird der Standort an eine Stelle verschoben, an der die vollständige Abdeckung zwar weiterhin möglich ist, wo aber entweder mit keinen oder nur mit wenigen (bewältigbaren) Einwendungen zu rechnen ist.
Ist eine Verschiebung nicht möglich, ist ein Planfeststellungsverfahren nach § 18 (1) AEG durchzuführen, denn die Beteiligung aller möglicherweise betroffenen Personen im Rahmen einer Plangenehmigung ist mit einem erheblichen Aufwand verbunden. Dieser Aufwand ist fast so groß, wie für ein Planfeststellungsverfahren (mit Auslegung im Anhörungsverfahren). Hinzu kommt, dass ein Plangenehmigungsverfahren nicht die Rechtssicherheit eines Planfeststellungsbeschlusses hat, da nur in einem Planfeststellungsverfahren die Präklusionswirkung des § 20 (2) AEG eintritt.

3. Ergebnis

Die Errichtung oder Erhöhung einer GSM-R-Sendeanlage bedarf einer planungsrechtlichen Behandlung nach § 18 AEG.
Im Normalfall ist eine Plangenehmigung nach § 18 (2) AEG in zeitlicher Hinsicht sowohl das einfachste als auch das geeignete Mittel zur Verschaffung des Baurechtes.

Die Plangenehmigung ist nicht möglich, wenn der Sicherheitsbereich auf Nachbargrundstücke ragt und dort in Rechte anderer eingreift und diese nicht zustimmen.

Bevor in diesen Fällen ein Planfeststellungsverfahren nach § 18 (1) AEG eingeleitet wird, sollte geprüft werden, ob der Maststandort nicht verschoben werden kann und dann die Erteilung einer Plangenehmigung nach § 18 (2) AEG beantragt wird.

Es empfiehlt sich, soweit es möglich ist, die sofortige Vollziehung der Plangenehmigung anzuordnen. Eine dennoch erhobene Klage hat keine aufschiebende Wirkung. Selbst wenn der Kläger einen Antrag nach § 80 (5) VwGO auf Wiederherstellung der aufschiebenden Wirkung der Klage stellt, ist kurzfristig mit einer Eilentscheidung zu rechnen, die den weiteren Prozessverlauf entscheidend beeinflussen kann.

Ist mit Widerstand gegen die GSM-R-Anlage zu rechnen und ist der Kreis der Betroffenen leicht abgrenzbar, sollten die Betroffenen in dem Plangenehmigungsverfahren auch dann beteiligt werden, wenn Sie sicher keine geschützten Rechtspositionen innehaben. Da sie als Einwender die Plangenehmigung zugestellt bekommen, eröffnet Ihnen das den Verwaltungsrechtsweg nur innerhalb eines Monats.

Ist aufgrund der Verhältnisse vor Ort mit sehr vielen Betroffenen zu rechnen oder ist die Situation nicht sicher einschätzbar, sollte zuerst geprüft werden, ob der Maststandort verschoben werden kann. Ist dies aufgrund der Umstände des Einzelfalles nicht möglich, ist nur ein Planfeststellungsverfahren nach § 18 (1) AEG das richtige Verfahren.

Regierungsrätin Astrid Schmitz, Eisenbahn-Bundesamt

Neue Aufgaben des Eisenbahn-Bundesamtes im Bereich Netzzugang nach dem 2. Eisenbahnrechtsänderungsgesetz.

Sehr geehrter Herr Präsident, sehr geehrte Herren Professoren, sehr geehrte Damen und Herren,

mein Thema „Neue Aufgaben des Eisenbahn-Bundesamtes im Bereich Netzzugang nach dem 2. Eisenbahnrechtsänderungsgesetz" scheint eine relativ trockene Materie zu sein und ich werde mich deshalb bemühen, diese mit ein bißchen Leben aus der Praxis zu erfüllen.

Zunächst möchte ich Ihnen die Rechtslage vor dem 2. Eisenbahnrechtsänderungsgesetz kurz umreißen:

Bisher gab es zwei Regelungen, die Befugnisse des Eisenbahn-Bundesamtes im Bereich Netzzugang regelten. § 14 Abs. 5 i.V.m. .4 AEG und § 13 Abs. 2 AEG. Nach § 14 Abs. 5 i.V.m. 4 AEG ist das Eisenbahn-Bundesamt eine Art Schiedsrichter im Einzelfall bei konkreten Nutzungskonflikten zwischen Eisenbahninfrastrukturunternehmen und Eisenbahnverkehrsunternehmen. Es entscheidet nur auf Antrag mit vertragsersetzender Wirkung im Einzelfall. Da das Eisenbahn-Bundesamt danach nicht berechtigt ist von sich aus, d.h. von Amts wegen, einzelne Netzzugangsprobleme aufzugreifen, musste es bisher Verstöße gegen das Eisenbahnrecht oder Diskriminierungen sehenden Auges hinnehmen. Wenn das Eisenbahn-Bundesamt in einem Verfahren einen Verstoß festgestellt hat, der auch Wirkungen gegenüber anderen Verkehrsunternehmen entfaltete, so hatte es darauf keine Einflussmöglichkeiten, da es nur im Einzelfall zu entscheiden hatte. Neben dem § 14 AEG regelt der § 13 Abs. 2 AEG den Anschluss öffentlicher Eisenbahninfrastruktur an andere öffentliche Eisenbahninfrastruktur. Bei Nichteinigung entscheidet das Eisenbahn-Bundesamt über die Bedingungen des Einflusses sowie über die Angemessenheit der Kosten, wenn eine Eisenbahn des Bundes beteiligt ist. Das Eisenbahn-Bundesamt hat bisher 119 Netzzugangsverwaltungsverfahren geführt, die sowohl bundeseigene als auch nichtbundeseigene Eisenbahninfrastrukturbetreiber betroffen haben. In 52 dieser Verfahren haben sich Eisenbahnverkehrsunternehmen über Netzzugangshindernisse und angebliche Diskriminierungen beschwert, sie haben jedoch entweder keinen oder nur unzulässige Anträge gestellt. In 19 Fällen Verfahren haben sich die Beteiligten nach dem Einschreiten des Eisenbahn-Bundesamtes geeinigt. Dies macht ersten deutlich, dass aufgrund des Antragserfordernisses und der Beschränkung der Befugnis auf den Einzelfall nicht alle Netzzugangsprobleme abgearbeitet werden können und zweitens, dass ein meditatives Einschreiten des Eisenbahn-Bundesamtes sehr erfolgreich sein kann. Interessant war für uns auch die Erfahrung, dass Netzzugangsprobleme häufig im Detail liegen. Ca. 75 % der Fälle bezogen sich auf Zugangsverweigerungen, betriebliche und technische Fragen und die allgemeinen Benutzungsbedingungen der Eisenbahninfrastrukturbetreiber. Nur 25 % betrafen die Entgelte und Entgeltsysteme oder die Fahrplankonstruktion der Netzbetreiber.

Der Gesetzgeber hat mit dem 2. Eisenbahnrechtsänderungsgesetz einen neuen Absatz 3a in § 14 AEG eingefügt. Danach hat das Eisenbahn-Bundesamt einem

Eisenbahninfrastrukturunternehmen, welches das Recht auf diskriminierungsfreie Benutzung einer Eisenbahninfrastruktur beeinträchtigt, aufzugeben, die Beeinträchtigung zu unterlassen. In der Praxis ist anhand dieser Norm sofort ein Meinungsstreit entstanden. Fraglich ist, ob das Eisenbahn-Bundesamt nur dann einschreiten darf, wenn zwei Eisenbahnverkehrsunternehmen beim Netzzugang ohne sachlichen Grund unterschiedlich behandelt werden dürfen oder ob es auch dann einzuschreiten hat, wenn der Netzzugang ohne sachlichen Grund verwährt oder beeinträchtigt wird. Für die Beurteilung dieser Frage ist entscheidend, ob man den zugangsberechtigten Unternehmen ein grundsätzlich unbeschränktes Nutzungsrecht der zubilligt.

Das Eisenbahn-Bundesamt vertritt die Auffassung, dass es einen derartigen Grundanspruch zur Nutzung der Eisenbahninfrastruktur gebe. Für die Auffassung des Eisenbahn-Bundesamt spricht zunächst der Wortlaut des § 14 Abs. 3a AEG neu, der nämlich formuliert, dass das Eisenbahn-Bundesamt bei einer Beeinträchtigung und nicht bei einer Diskriminierung einzuschreiten hat, wie es andere Befugnisnormen im Bereich Diskriminierungsaufsicht anderer Gesetze vorsehen. Auch der Sinn und Zweck der Norm spricht für einen grundsätzlich unbeschränkten Nutzungsanspruch. Die Norm dient der Umsetzung der Bahnreform, insbesondere der Öffnung der Netze. Schließlich spricht auch EU-Recht, nämlich die Richtlinie 2001/12 EG zur Änderung der EWG-Richtlinie 91/440 zu Artikel 10 von allgemeinen Zugangsrechten und Bedingungen des Zugangs, die dann nicht diskriminierend sein dürfen. Gäbe es keinen Grundanspruch auf Zugang zur Eisenbahninfrastruktur, so gäbe es auch keine Verpflichtung der Eisenbahninfrastrukturunternehmen, Verkehrsunternehmen denn Zugang zu gewähren. Dann würde aber die in § 11 Abs. 2 Satz 3 AEG geregelte Betriebspflicht des Eisenbahninfrastrukturunternehmers unterlaufen. Auch in anderen Sektoren, wie der Telekommunikation oder der Energiewirtschaft, ist grundsätzlich ein unbeschränktes Zugangsrecht geregelt.

Die Gegenmeinung vertritt die Auffassung, dass es keinen Grundanspruch auf Nutzung der Eisenbahninfrastruktur gäbe, sondern nur einen Anspruch auf Gleichbehandlung bei der Nutzung. Daraus folgt, dass der jeweilige Infrastrukturbetreiber die Nutzung beliebig einschränken kann, wenn er dabei nur allen Nutzergruppen gleich behandelt. Das VG Koblenz hat sich in einem Schluss vom 24. Juli 2002, im Verfahren 3 L 1900/02.KO dafür ausgesprochen, dass § 14 Abs. 1 AEG nur das Recht auf Gleichbehandlung beim Netzzugang und keinen Grundanspruch auf Netzzugang regele.

Diese Ansicht würde, in Fällen in denen es nur einen Infrastrukturnutzer gibt, dazu führen, dass der Infrastrukturbetreiber mit diesem Nutzer beliebig umgehen kann. Die Infrastrukturunternehmen wären um Umkehrschluss verpflichtet, denn Betrieb durchzuführen. Sie wären dann z. B. berechtigt, ihre Infrastruktur nur montags zu öffnen oder verschiedene Nutzungsgruppen gänzlich vom Netzzugang auszuschließen. Dies kann jedoch nicht Sinn der Bahnreform und Sinn der Etablierung der Aufsicht von Amts wegen sein. Für die Beurteilung der Frage, ob zwei Unternehmen gleich behandelt werden, hätte man nicht die Eisenbahnfachbehörde einschalten müssen.

Das Eisenbahn-Bundesamt ist der Auffassung, dass es über den Grundanspruch auf Nutzung hinaus ein Recht auf Gleichbehandlung beim Netzzugang gibt. Leider bleib eine höchstrichterliche Entscheidung die des Streits dem Eisenbahn-Bundesamt verwährt, da das betroffene Eisenbahnverkehrs-

Neue Aufgaben des Eisenbahn-Bundesamtes im Bereich Netzzugang nach dem 2. Eisenbahnrechtsänderungsgesetz.

unternehmen nach Einlegung der Beschwerde gegen die Entscheidung des VG Koblenz seine Trassenbestellung zurückgenommen hat.

Für was sind denn nun die einzelnen Anwendungsbereiche der neuen in § 14 Abs. 3a geregelten Aufsichtsbefugnisse?

Während bisher strittig war, ob das Eisenbahn-Bundesamt, als überwiegend technische Behörde sich mit Preisen und Preissystemen oder allgemeinen Geschäftsbedingungen beschäftigen darf, wird im neuen AEG in der Gesetzesbegründung zu § 14 Abs. 3a ausdrücklich angeführt, dass sich die Kompetenz des Eisenbahn-Bundesamtes insbesondere auf die Untersagung allgemeiner Geschäftsbedingungen oder die Untersagung von Trassenpreissystemen erstreckt. § 14 Abs. 3a AEG enthält somit eine spezialgesetzliche Aufgabenzuweisung, welche den Aufgaben nach allgemeinem Wettbewerbsrecht oder allgemeinem Zivilrecht vorgeht. Maßstab ist das Eisenbahnrecht, insbesondere § 14 AEG und die Eisenbahninfrastrukturbenutzungsordnung.

Neben dieser neuen Aufgabe bestehen die Befugnisse des Eisenbahn-Bundesamtes aus § 13, 14 Abs. 5 AEG fort. Neu ist jedoch die taffe Entscheidungsfrist, die der Gesetzgeber für Einzelfallverfahren nach § 14 Abs. 5 AEG aufgenommen hat. Das Eisenbahn-Bundesamt ist danach verpflichtet, spätestens 6 Wochen nach Antragseingang über die streitigen Nutzungsbedingungen zu entscheiden. Erlauben Sie mir die Anmerkung, dass dies in vielen Verfahren möglich sein wird, dass es aber auch einige Verfahren gibt, in denen alleine die Sachverhaltsklärung und die Stellungnahmen der Beteiligten einige Wochen in Anspruch nehmen.

Das Eisenbahn-Bundesamt hat die neuen Befugnisse unter anderem deshalb bekommen, weil es auf die fachlichen Ressourcen in der Eisenbahnfachbehörde zurückgreifen kann. In Anbetracht der kurzen Entscheidungsfrist wird eine möglichst zügige Unterstützung durch die verschiedenen Fachbereiche nötig sein; in sofern ein Appell an alle Kollegen im Eisenbahn-Bundesamt. Der eine oder andere von Ihnen wird sich nun gewisse die Frage gestellt haben, wie nun nach der Neuerung die Zuständigkeiten zwischen Eisenbahn-Bundesamt und den Kartellbehörden abzugrenzen sind. Zunächst überprüfen beide Behörden völlig unterschiedliche Rechtsgebiete. Das Eisenbahn-Bundesamt überprüft die Einhaltung des Eisenbahnrechtes und übt im Verhältnis zwischen Eisenbahninfrastrukturunternehmen und Eisenbahnverkehrsunternehmen die spezialgesetzlich geregelte Diskriminierungsaufsicht aus. Ausdrücklich ist ihm die Überprüfung der Entgeltsysteme und der Benutzungsbedingungen zugewiesen. Demgegenüber überprüfen die Kartellbehörden die Einhaltung des Gesetzes gegen Wettbewerbsbeschränkungen. Die üben die allgemeine Missbrauchsaufsicht aus, die in dem § 19 Abs. 4 Nr. 2 nun speziell den Zugang zur Infrastruktur eines Monopolisten regelt. Durch die spezielle Regelung in § 14 Abs. 3a wir die Diskriminierungsaufsicht der Kartellbehörden über Eisenbahninfrastrukturunternehmen im Verhältnis zu Eisenbahnverkehrsunternehmen spezialgesetzlich verdrängt. Die Kartellbehörden üben jedoch weiterhin die Diskriminierungsaufsicht im Verhältnis zwischen anderen Monopolisten und den Verkehrsunternehmen aus, wie z. B. bei der Frage fehlende Vermarktung von Gebrauchtfahrzeugen durch ein Eisenbahnverkehrsunternehmen. Schließlich üben die Kartellbehörden die Fusionskontrolle aus. Das Verhältnis zwischen Eisenbahn-Bundesamt und den Kartellämtern ist weitestgehend dem Verhältnis zwischen der Regulierungsbehörde Post und Telekommunikation und den Kartellbehörden nachgebildet.

Neue Aufgaben des Eisenbahn-Bundesamtes im Bereich Netzzugang nach dem 2. Eisenbahnrechtsänderungsgesetz.

Beide Behörden sind verpflichtet, sich gegenseitig zu informieren und vor einer Entscheidung die Stellungnahme der anderen Behörde einzuholen. So soll vermieden werden, dass Begriffe, wie der Begriff der Diskriminierung, unterschiedlich ausgelegt werden.

Neben diesen neuen Befugnissen zur Untersagung von Beeinträchtigungen von Amts wegen hat der Gesetzgeber das Eisenbahn-Bundesamt nun mit einem ausdrücklichen Auskunftsrecht, dem Recht, Anlagen, Fahrzeuge und Geschäftsräume zu betreten, dem Recht Unterlagen und Verträge einzusehen und im Falle der Nichtbefolgung einer Anordnung oder einer Untersagung ein Zwangsgeld bis zu 500.000 Euro festzusetzen. Die Eisenbahninfrastrukturunternehmen hat der Gesetzgeber verpflichtet, in den Verfahren mitzuwirken und Hilfsmittel sowie Hilfsdienste zu stellen.

Meine Damen und Herren, ich bin der Auffassung, dass mit diesem Änderungsgesetz ein weiterer Meilenstein im Bereich Netzzugang erreicht ist. Aber warum hat man sich für eine sektorenspezifische Aufsicht entschieden?

Eine Eisenbahnfachbehörde kann Diskriminierungen aufgrund ihres Fach- und Hintergrundwissens leichter und schneller erkennen. Auch das sektorenspezifische Modell der Regulierungsbehörde für Telekommunikation und Post zeigt, ein sektorenspezifisches Konzept ist erfolgreich.

Eine Ansiedlung der Aufgabe des Regulators bei den Eisenbahnfachbehörden ermöglicht den Rückgriff auf das fachliche Know-how der Behörden, vermeidet zusätzlichen Verwaltungsaufwand und zusätzliche Personalkosten. Auch andere

EU-Mitgliedsstaaten (z. B. Norwegen, Schweden und Österreich) werden ebenfalls eine sektorenspezifische Aufsicht etablieren.

Meine Damen und Herren, nun bleibt mir schließlich noch ein kurzer Ausblick auf das, was wir im Bereich Netzzugang zu erwarten haben. Bis März 2003 soll das Eisenbahninfrastrukturpaket der EU vollständig umgesetzt werden. Umzusetzen ist daher die Verpflichtung Zugang zu den Häfen und den Serviceeinrichtungen, wie Einrichtungen für Fahrstrom, Tankstellen, Personenbahnhöfen mit ihrer Infrastruktur, Güterterminals, Rangierbahnhöfen, Zubildungseinrichtungen, Abstellgleise und technischen Einrichtungen zu gewähren. Darüber hinaus sind Entgeltvorgaben in den nationalen Gesetzen aufzunehmen. Die Sicherheitsbescheinigung ist zu etablieren. Schließlich ist umzusetzen, das Zugtrassen nur noch für eine Fahrplanperiode vergeben werden dürfen.

Die Mitgliedsstaaten haben sogenannte Regulierungsstellen einzurichten, dass in Deutschland mit der Etablierung des Eisenbahn-Bundesamtes als sektorenspezifischer Aufsichtsbehörde bereits weitestgehend geschehen ist.

Die Entwicklung im Bereich Netzzugang bleibt also spannend, meine Damen und Herren. Ich bedanke mich für Ihre Aufmerksamkeit.

Rechtsanwalt Karsten Sommer, Berlin

Erfahrungen mit den neuen Planfeststellungs-Richtlinien

Das Thema des Beitrags ist bewusst offen gehalten. Es eröffnet die Diskussion über eine Grundlage, mit der alle Anwesenden mehr oder weniger im Tagesgeschäft zu tun haben. Für eine Art Vorher-Nachher-Bilanz ist es im ersten Jahr der neuen Planfeststellungs-Richtlinien zu früh. Wenn es soweit ist, dürften zudem andere viel eher dazu berufen sein, Bilanz zu ziehen. Ich darf daher die mir zuerkannte Rolle so auffassen, dass ich in eine EBA- und DB AG-lastige Veranstaltung Sichtweisen Dritter einbringe. Da die Vorhabenträgerseite hier bereits stark vertreten ist, sollen das mit einer Ausnahme Sichtweisen von einem zulassungspflichtigen Vorhaben betroffener Dritter, typischerweise Privatpersonen und Kommunen, sein.

Keinesfalls möchte ich das hier als Anhörungsverfahren auf abstrakter Ebene verstanden wissen. Das Risiko, in späteren Diskussionen mit meinem Vorbringen ausgeschlossen zu werden, den Hammer der Präklusion zu spüren, wäre mir doch zu hoch. Auch hielte ich es für unangemessen, bereits in frühem Stadium der Anhörung sachverständigen Rat einzuholen, um alle mir nicht oder nicht vollständig verständlichen Hinweise und Bemerkungen abschliessend bewerten und in die Anhörung einbringen zu können, wie es das Bundesverwaltungsgericht[1] von in ihren

---

[1] BVerwG ... ; vgl. auch BVerwG vom 8.7.1998 – 11 A 30/97 – NVwZ 1999, 70, wo das Gericht die Forderung nach dem "Bau der Schallmauer zwischen Ferngleisen und S- Bahngleisen" – wohl aufgrund der konkreten Formulierung der begleitenden Ausführungen – nicht als Forderung nach Verkehrslärmschutz ansieht und trotz der Rüge konkreter Unfallgefahren die Rüge nicht ausdrücklich benannter Unfallgefahren für präkludiert hält; etwas beruhigender für Betroffene wirkt da schon die Klarstellung in BVerwG vom 16.10.2001 – 4 VR 20/01 – NVwZ 2002, 726 : „Eine Einwendung im Sinne des § 17 Abs. 4 Satz 1 FStrG muss so konkret sein, dass die

Rechten Beeinträchtigten bereits im Rahmen der Erhebung von Einwendungen verlangt.

Bevor ich damit auch bereits mitten im Thema bin, möchte ich auf die soeben erwähnte Ausnahme zurückkommen. Eine ganz praktische Erfahrung mit den neuen Planfeststellungs-Richtlinien spielte sich vor nicht einmal vier Monaten bei einer Landes-Anhörungs- und zugleich –Zulassungsbehörde ab: Ein Vorhabenträger war gekommen, die frühzeitige Abstimmung für ein neues Eisenbahn-Vorhaben zu suchen. Nachdem man mit einer erstaunlich großen Gruppe von Verwaltungsmitarbeitern Begrüßung und eine kurze Vorstellung des beabsichtigten Projekts und des Planungsstands hinter sich gebracht hatte, wurde die für den Vorhabenträger ja nicht ganz unwichtige Frage nach den Verfahrensgrundlagen für das zweifellos planfeststellungspflichtige Vorhaben auf den Punkt gebracht: „Wir dürfen doch davon ausgehen, dass sich Ihre Behörde bei der Verfahrensgestaltung an den neuen Planfeststellungs-Richtlinien des Eisenbahn-Bundesamtes orientiert." Nach einer nicht ganz kurzen Weile des Schweigens liess sich der zuständige Referatsleiter (sinngemäß) vernehmen: „Ja, ja, es gibt da neue Richtlinien." –

Am Eisenbahnbundesamt jedenfalls kann es wohl nicht liegen, dass die Richtlinien Monate nach ihrer Veröffentlichung noch nicht bis in alle Landes-Eisenbahn-Behörden vorgedrungen waren. Es stellt die Richtlinien wie eine Reihe anderer wichtiger Grundlagen für jeden abrufbar ins Internet. Bei der Vielzahl noch immer nicht leicht verfügbarer Verwaltungsvorschriften sollte man das positiv hervorheben.

Planfeststellungsbehörde erkennen kann, in welcher Weise sie bestimmte Belange einer näheren Betrachtung unterziehen soll. Wendet sich ein Eigentümer gegen jegliche Inanspruchnahme seines Grundstücks und macht deutlich, dass aus seiner Sicht alle Lösungen vorzuziehen sind, bei denen das Grundstück nicht oder weniger beeinträchtigt wird, ist es Aufgabe der Planfeststellungsbehörde, mögliche Alternativen zu prüfen."

Genug des Lobes – mein eigentliches Thema und die Überlegung, an der ich die Richtlinien anhand einiger – zugegeben eher zufällig gegriffener – Beispiele messen möchte, hatte ich eingangs mit dem Hinweis auf die Position Betroffener im Anhörungsverfahren bereits angedeutet: Die Position der Beteiligten im Verfahren und der Interessenausgleich. Dabei steht es mir im Sinne der Rollenverteilung nicht zu, die wissenschaftlichen Grundlagen zu beleuchten. Als Anwalt bin ich vielmehr Praktiker – und stets zuallererst Partei.[2] Als solche möchte ich die Richtlinien auch betrachten und fragen, inwieweit sie den Interessenausgleich und in diesem Sinne auch die Planoptimierung fördern. Wir alle hier erleben es regelmäßig, welch sensibles Thema der Interessenausgleich im Planfeststellungsverfahren ist, in dem die Waffengleichheit wohl nicht nur von Seiten der Betroffenen für eine Theorie ohne übertriebene Praxisnähe gehalten wird.

Dabei möchte ich noch etwas weiter gehen und der Frage nachgehen, inwieweit die Richtlinie an einer – von mir an dieser Stelle einmal als nicht näher begründete These in den Raum gestellten – Tendenz teil hat, stets in erster Linie auf das Ergebnis zu schielen – und ganz besonders seine gerichtliche Anfechtbarkeit. Der Kollege Fislake hat vor zwei Jahren hier die Angst des Eisenbahnbundesamtes vor Klagen gebrandmarkt.[3] Der Dreiklang objektives Recht, subjektives Recht und beschränkte gerichtliche Überprüfung ist es, der mich bewegt. Das Planfeststellungsverfahren mag ein im Sinne der gerichtlichen Überprüfung noch abwägungsgerechtes Ergebnis haben. Im Sinne administrativer Steuerung und auch im prozessökonomischen Sinne (der ganze Aufwand muß sich ja auch lohnen) sollte es in einer Planoptimierung,

---

[2] bereits nach der BRAO, § 1 Abs.3.
[3] Fislake, Vollständigkeit von Unterlagen in der Planfeststellung, Aktuelle Probleme des Eisenbahnrechts VI, S.167 ff.

einem optimierten Interessenausgleich enden.[4] Der Schutz subjektiver Rechte vermag das nicht zu leisten. Die noch weiter eingeschränkte gerichtliche Überprüfung schon gar nicht.[5] Es bleiben die Richtlinien. Dienen doch Planfeststellungs-Richtlinien der Lenkung der Verwaltungspraxis zur Umsetzung des objektiven Rechts und der Ausfüllung der planerischen Gestaltungsfreiheit, für die die Planfeststellungsbehörde zumindest die Letztverantwortung trägt[6], somit die Verantwortung für das interessengerechte Ergebnis gegenüber allen Beteiligten.[7] Für das Luftverkehrsrecht ist Herr Wysk vom OVG Münster steter Mahner der Luftverkehrsbehörden, nicht stets nur auf das zu schauen, zu dem man von den Gerichten verpflichtet wird, sondern das Gebot gerechter Abwägung ernst zu nehmen und eine sorgfältige Bewertung des Einzelfalls über das später Einklagbare hinaus vorzunehmen. Bekanntermaßen gibt es im Luftverkehrsbereich keine Grenzwerte für den Lärmschutz, so dass die Grenze des Zumutbaren im Einzelfall gesucht und gefunden werden muß.[8] Die Rechtsprechung zum Schutz vor Erschütterungen[9] und

---

[4] Eine zunehmende Bedeutung in diesem Sinne hat Ernst Forsthoff 1961 im Vorwort zur Dissertation von Willi Blümel (Blümel, Die Bauplanfeststellung I: Die Planfeststellung im preußischen Recht und im Reichsrecht, 1961) prognostiziert, vgl. Blümel, Die Entwicklung des Rechtsinstituts der Planfeststellung in Erbguth/Oebbecke/Rengeling/Schulte, Planung, Festschrift für Werner Hoppe zum 70.Geburtstag, 2000, S.3, 4. „Dieser Zulassungstypus kombiniert konfliktgerechte Reagibilität, administrative Autorität und rechtsstaatliche Sensibilität in vorbildlicher Weise" lobt Schmidt-Preuss, Fachplanung und subjektiv-rechtliche Konfliktschlichtung in FS Hoppe a.a.O. S.1071, 1072.
[5] Der Blick in § 20 Abs.7 AEG verdeutlicht sowohl die Diskrepanz zwischen subjektiven Rechten und den Möglichkeiten, dieselben gerichtlich geltend zu machen, wie auch die eingeschränkte gerichtliche Überprüfbarkeit von Planfeststellungsbeschlüssen und Plangenehmigungen.
[6] So etwa BVerwG, NVwZ 1995, 598, 600.
[7] Die Auffassung von Ule/Laubinger, Verwaltungsverfahrensrecht, 4.Aufl. 1995, § 39 Rn.8, die Planungsfreiheit liege nur beim Vorhabenträger, hat wohl ebensowenig Aussicht auf Durchsetzung wie die von Wahl, DVBl. 1982, 51, 53, der eine Planungsfreiheit der „den Plan ausarbeitenden Stelle" verneint. Der vermittelnden Auffassung, die Sendler in Festschrift Schlichter, 1995, S.85, 81 mit „Planung zur gesamten Hand" charakterisiert hat, dürfte die überwiegende Mehrheit anhängen.
[8] Vgl. zum Überblick Wysk, Ausgewählte Probleme zum Rechtsschutz gegen Fluglärm, ZLW 1998, 18 ff, 285 ff, 456 ff.
[9] etwa BVerwG vom 12.4.2000 – 11 A 18.98 – und vom 31.1.2001 – 11 A 6.00 -

sekundärem Luftschall[10], zu Abgasen[11] und Staub[12] zeigt, dass das Problem nicht auf den Luftverkehrsbereich beschränkt ist, sondern auch bei der Bahn höchst aktuell.

Dabei verkenne ich gerade nicht, dass die Planfeststellungs-Richtlinien – wie zutreffend im Vorwort (7) erwähnt – nicht die Entscheidung im Einzelfall vorgeben können und auch nicht das gesamte Planfeststellungsrecht darstellen. Doch liegt gerade im Gewicht des Geregelten zu dem nicht Geregelten oftmals das verfahrenslenkende Element einer Richtlinie. Sie setzt nun einmal Schwerpunkte für die Verwaltungspraxis.

I. Eisenbahnaufsicht

Aus einer nicht unerheblichen Zahl nicht aufgeführter Aspekte von Bedeutung für Betroffene möchte ich hier einen herausgreifen: Charakter und Umfang der Eisenbahnaufsicht. Kann sich ein Betroffener an das EBA wenden, wenn er meint, durch „Schwarzbauten" der Bahn in seinen Rechten beeinträchtigt zu sein? Die Frage ist praxisrelevant, wie Entscheidungen des Bundesverwaltungsgerichts[13] wie auch die Erfahrungen aus der Praxis[14] zeigen. Es dürfte sich im wesentlichen um zwei im Zusammenhang mit den Planfeststellungs-Richtlinien relevante Fallgruppen handeln:

---

[10] BVerwG vom 13.11.2001 – 9 B 57.01 – NVwZ-RR 2002, 178
[11] BVerwG vom 26.2.1999 – 4 A 47.96 – NVwZ 2000, 560.
[12] BVerwG vom 12.3.1999 – 4 BN 6/99 – LKV 1999, 364.
[13] BVerwG vom 13.10.1994 – 7 VR 10/94 – NVwZ 1995, 379 ff; BVerwG vom 21.1.1994 – 7 VR 12/93 – NVwZ 1994, 370, wo von „Schwarzarbeiten" in mehreren Planfeststellungsabschnitten berichtet wird.
[14] Streitigkeiten um die Vorab-Realisierung von Maßnahmen, die in einem noch laufenden Planfeststellungsverfahren in den Unterlagen enthalten sind, um deren Rechtmäßigkeit und evtl. daraus resultierende Belastungen gehören quasi zum Alltagsgeschäft, wobei bei weitem nicht jede Baumaßnahme, der das von Betroffenen unterstellt wird, sich als „Schwarzbau" herausstellt. So wird derzeit auf der Berliner Stadtbahn während des laufenden Planfeststellungsverfahrens für das Vorhaben S 3 bereits der Inhalt der Planfeststellungsunterlagen teilweise realisiert.

Während des laufenden Planfeststellungsverfahrens vorweg realisierte Arbeiten, die sich nicht innerhalb der engen rechtlichen Grenzen für Vorarbeiten nach § 17 AEG bewegen und „echte Schwarzbauten", also Arbeiten, für die eine eisenbahnrechtliche Zulassung erforderlich wäre, aber nicht beantragt wurde.

Anders als im Luftverkehrsrecht[15] steht dem Vorhabenträger auch nicht die Alternative der Baugenehmigung für Bahnbetriebsanlagen zur Verfügung, so dass dem Betroffenen der Weg über andere Behörden regelmäßig verstellt ist und nur der Weg über die Eisenbahnaufsicht[16] bleibt. Die Frage der Eingriffsgrundlage und der Reichweite der Eingriffsbefugnisse scheint vom BVerwG auch seit Jahren geklärt. Im Oktober 1994[17] hat das Bundesverwaltungsgericht zunächst zugunsten der Antragsteller unterstellt, was später allgemein für vernünftig befunden wurde, § 3 Abs.2 Nr.2 des Gesetzes über die Eisenbahnverkehrsverwaltung des Bundes sei nicht nur Zuständigkeitsnorm. Mit der Verwendung des Begriffes „Eisenbahnaufsicht" macht das Gesetz deutlich, dass hier zugleich eine Grundlage für Eingriffe in Rechte Dritter in diesem Rahmen geschaffen werden sollte. Die Vorschrift ist zugleich Ermächtigung an das Eisenbahnbundesamt, rechtmäßiges Handeln der Bahnen sicherzustellen, also auch gegen ungenehmigte aber genehmigungsbedürftige Arbeiten vorzugehen. Diese Erkenntnis hat längst Eingang in die Standard-

---

[15] § 8 Abs.5 LuftVG; vgl. zum Streit um den „richtigen" Rechtsweg im Luftverkehrsrecht BVerwG vom 26.9.2001 – 9 A 3/01 – NVwZ 2002, 346 entgegen der früher im Eilverfahren BVerwG vom 11.1.2001 – 11 VR 16/00 – NVwZ 2001, 566 und vom OVG Münster – vom 11.1998 – 20 B ... - vertretenen Auffassung.
[16] Oder in Einzelfällen die Immissionsschutzbehörden, etwa in Berlin, wenn für lärmintensive Arbeiten die Ausnahme nach § 8 der Landes-Lärmschutzverordnung nicht beantragt wurde.
[17] BVerwG vom 13.10.1994 – 7 VR 10/94 – NVwZ 1995, 379 ff.

Nachschlagewerke gefunden[18] und ist mit dem Zweiten Gesetz zur Änderung eisenbahnrechtlicher Vorschriften seit dem 1.Juli 2002 in § 5 Abs.1 AEG verankert.[19]

Gerade vor dem Hintergrund, dass sich Streitigkeiten um illegale oder als illegal empfundene Arbeiten in vielen Fällen vor den örtlichen Verwaltungsgerichten abspielen[20], vor denen kein Anwaltszwang besteht und dass Klagevoraussetzung ein von der zuständigen Behörde nicht oder abschlägig beschiedener Antrag auf Einschreiten ist[21], wäre es hilfreich, allen Rechtsanwendern den Weg zu weisen. Dies umso mehr, als dieser Weg – anders als vieles andere in der Richtlinie geregelte – nicht ohne weiteres dem Gesetz zu entnehmen ist.

Die RL 37 enthält zwar Hinweise darauf, dass das EBA als allgemeine Eisenbahnaufsicht tätig wird, lässt aber einen Rückschluss von der dort geregelten Vollzugskontrolle auf die allgemeine Rechtmässigkeitskontrolle kaum erahnen.

Eine Richtlinie zur allgemeinen Eisenbahnaufsicht ist umso wichtiger, als die Voraussetzungen des Einschreitens bisher auch durch die Rechtsprechung nicht näher geklärt scheinen – insoweit keine Besonderheit, wenn man sich die bereits

---

[18] vgl. etwa Pätzold/Wittenberg/Heinrichs/Mittmann, Kommentar zur Eisenbahnbau- und betriebsordnung, 4.Auflage 2001, Einführung S.19.
[19] Gesetz vom 21.Juni 2002, BGBl. I, 2191; s. auch § 5a zu Aufgaben und Befugnissen der Eisenbahnaufsichtsbehörden.
[20] zur Zuständigkeit bei planfeststellungspflichtigen Arbeiten nach dem Verkehrswegeplanungsbeschleunigungsgesetz s. BVerwG vom 13.10.1994 – 7 VR 10/94 – NVwZ 1995, 379 ff.; wenn kein Planfeststellungsverfahren läuft, dürfte es aber am Anknüpfungspunkt für die Zuständigkeit von BVerwG oder den OVG/VGH nach § 48 VwGO fehlen.
[21] Zur prozessual parrallelen Rechtslage im Luftverkehrsbereich ...

erwähnte Rechtsprechung zum Luftverkehrsrecht[22] anschaut. Da jedoch auch gegen nicht zugelassene, aber zulassungspflichtige Arbeiten Art.19 Abs.4 GG effektiven Rechtsschutz verlangt, ist es unschön, wenn Betroffene und EBA bei der Lösung des Problems keine Vorgaben erhalten.

II. Vorgaben für das Anhörungsverfahren

Die Entscheidung der Planfeststellungsbehörde als der Verfahrensabschnitt, in dem der Planfeststellungsbehörde von der Anhörungsbehörde alle dort für entscheidungsrelevant gehaltenen Unterlagen übersandt wurden, ist das eigentliche Entscheidungsverfahren. Vom Anhörungsverfahren ist es insbesondere durch den Bericht der Anhörungsbehörde, gleichzusetzen mit dem Ende deren Tätigkeit, klar gesetzlich getrennt. Trotz der klaren Trennung ist die Planfeststellungsbehörde nicht gehindert, Verfahrensschritte der Anhörung zu wiederholen[23]. Die Planfeststellungsbehörde vollzieht für ihre Entscheidung das Anhörungsverfahren nach und wiederholt erforderlichenfalls Verfahrensschritte oder veranlasst bei Vorliegen von Änderungen oder potentiell zur Änderung führenden Unterlagen die ergänzende Anhörung. Dennoch beschränken sich die Planfeststellungs-Richtlinien weitestgehend auf eine verkürzte Wiedergabe der gesetzlichen Vorgaben. Inhaltliche Vorgaben, wie die Erwähnung des Grundsatzes substantieller Anhörung[24] enthält die RL nicht. Ebenso fehlen Hinweise darauf, wann zu neuen Unterlagen anzuhören ist und wann eine Anhörung nach § 73 Abs.8 VwVfG vorzunehmen ist und wer zu beteiligen ist. Angesichts der praktischen Relevanz dieser Fragen verwundert die

---

[22] BVerwG vom 26.9.2001 – 9 A 3/01 – NVwZ 2002, 346 entgegen der früher im Eilverfahren BVerwG vom 11.1.2001 – 11 VR 16/00 – NVwZ 2001, 566 und vom OVG Münster – vom 11.1998 – 20 B ... - vertretenen Auffassung
[23] BVerwG vom 5.12.1986 – 4 C 13.85 – BVerwGE 75, 214 ff und vom 31.3.1995 – 4 A 1.93 – juris
[24] vgl. etwa BVerwG vom 12.12.1996 – 4 C 29/94 – BVerwGE 102, 331 ff.

Enthaltsamkeit. Angesichts der eingangs als These aufgestellten Tendenz, auf das Ergebnis zu schauen und der praktisch auf nahe Null reduzierten Relevanz von Verfahrensfehlern für die gerichtliche Überprüfung von Planfeststellungsbeschluß oder Plangenehmigung nach § 20 Abs.7 Satz 2 AEG, droht das Verfahrensrecht hier seine ausgleichende Funktion weiter zu verlieren. Der Kollege Fislake hat das vor zwei Jahren hier mit der Wiedergabe einiger praktischer Erfahrungen plakativ geschildert: „ ... im Rechtsstreit interessiert es niemanden, welche Planunterlagen geändert worden sind."[25]

Das Verfahren hat aber gerade nicht nur die Funktion, den Planfeststellungsbeschluß durch die gerichtliche Überprüfung zu lotsen. Der auch beabsichtigten Planoptimierung jedenfalls hätte eine RL zur Gewährleistung einer substantiellen Anhörung mit der besonders für neue Gutachten nach der Auslegung der Planfeststellungsunterlagen relevanten Abgrenzung „neue Entscheidungsgrundlage/ interne Entscheidungshilfe" gedient.

§ 73 Abs.8
Stellungnahme der Naturschutzverbände – dazu auch Umweltleitfaden
Zu den Schwierigkeiten mit dem Umgang VG Potsdam, OVG Bbg; BVerwG offen gelassen
Neue Bedeutung durch Klagesanktion – Nebenbemerkung: Eingriffsbewertung im 3-m-Streifen und Fragen der eingriffsnahen und funktional wertvollen Kompensation werden stärker ins Rampenlicht rücken

---

[25] Fislake, Vollständigkeit von Unterlagen in der Planfeststellung, Aktuelle Probleme des Eisenbahnrechts VI, S.167, 170

III. Abwägungsvorgaben

Konkrete Prüfungs- und Abwägungsvorgaben finden sich nur wenige in den Planfeststellungs-Richtlinien. Wo sie sich finden, sind sie der Rechtsprechung zu evtl. eine Planungsentscheidung in Frage stellenden Fehlern entlehnt – worauf ich meine Eingangsthese von der Verengung der Sicht auf das Ergebnis stütze. Das gilt für den Hinweis auf den Vortrag der Existenzgefährdung in RL 22 (4) und den Hinweis auf die Notwendigkeit, bei Geltendmachen enteignender Wirkung über die Übernahme des Grundstücks bereits in der Planfeststellung zu entscheiden, RL 24 (3).

Hingegen vermisst man Vorgaben aus der Rechtsprechung zu zentralen Inhalten der Planfeststellung, soweit sie nicht oder nur ganz ausnahmsweise geeignet sind, die Planungsentscheidung insgesamt in Frage zu stellen.

Etwa im Bereich des Lärmschutzes hat die Rechtsprechung einige Grundsätze formuliert, deren Änderung auch so schnell nicht zu erwarten ist und die daher potentielle Kandidaten für die Aufnahme in die Richtlinien wären: So etwa die Maßstäbe der Verhältnismäßigkeitsprüfung nach § 41 Abs.2 BImSchG. Etwas verkürzt: Maßgebend bei der Verhältnismäßigkeitsprüfung ist in erster Linie das Kostenargument im Verhältnis zur Verringerung der Lärmbelastung, wobei die Anzahl der Lärmbetroffenen sowie besonders sensible Objekte eine besondere Rolle spielen. Ausgangspunkt für die Verhältnismäßigkeitsprüfung ist zunächst die Untersuchung, was für eine optimale Schutzanlage zu veranschlagen wäre, um dann durch schrittweise Abschläge den noch verhältnismäßigen Aufwand zu ermitteln.[26] In

---

[26] vgl. etwa BVerwG vom 21.4.1999 – 11 A 10.97 – S.25 UA.

den Entscheidungen vom 15.3.2000[27] hat das Bundesverwaltungsgericht weitere Konkretisierungen vorgenommen, in einer Reihe von Entscheidungen die Geltung des Gleichheitsgrundsatzes beim Lärmschutz angeführt, Ende 2000 das besonders überwachte Gleis als aktive Lärmschutzmaßnahme qualifiziert.[28] Eine Reihe ungeklärter oder nur im Einzelfall zu klärender Fragen sollten doch nicht daran hindern, zu den weitgehend geklärten eine Linie für die Praxis aufzuzeigen.

Ich würde auch noch weiter gehen und behaupten, auch in der Rechtsprechung noch nicht geklärte Fragen eignen sich durchaus zur Berücksichtigen in Richtlinien. Um beim Lärmschutz zu bleiben, etwa die Frage der Berücksichtigung des Angebots einer Eigenbeteiligung am Lärmschutz durch die Betroffenen im Rahmen der Prüfung der Verhältnismäßigkeit von Kosten und Nutzen nach § 41 Abs.2 BImSchG.

Auch abstrakte Vorgaben für die Tiefe der Abwägung und ihrer Begründung im Beschluss vermisst man in den RL. Dabei lässt die Begründung eines Planfeststellungsbeschlusses häufig genug aus der Sicht Betroffener zentrale Erwägungen und vor allem ihre Ableitung kaum erkennen. Zum Erstaunen der Betroffenen muß der Anwalt/die Anwältin diesen dann immer wieder erläutern, dass allein das Fehlen eines abwägungserheblichen Aspekts in der Begründung, seine fehlende oder fehlerhafte Ableitung in der Regel gerade nicht zum Erfolg ihres Rechtsmittels führt. Ich stelle die – empirisch zugegebenermaßen schwer zu belegende - These auf, das gerade Gegenteil ist der Fall: Unklare, mehrdeutige oder gar fehlende Erwägungen retten häufig genug die Planungsentscheidung, indem sie deren Überprüfung erschweren oder gar unmöglich machen.

---

[27] BVerwG vom 15.3.2000 – 11 A 31/97 – 11 A 33/97 – 11 A 34/97 – 11 A 42/97 – 11 A 46/97 – etwa BVerwGE 110, 370.

Die vom Bundesverwaltungsgericht zum allgemeinen Rechtsgedanken[29] erhobene Regelung, ein Mangel in der Zusammenstellung des Abwägungsmaterials führe nur dann zur Aufhebung der planerischen Entscheidung, wenn die Kläger für den Einzelfall anhand des konkreten Inhalts der Planungsentscheidung aufzeigen könnten, dass die Entscheidung ohne den Mangel anders ausgefallen wäre, tut hier ihren Dienst. Während früher noch die Annahme galt, dass Fehler im Abwägungsvorgang aus besonderen Gründen des Einzelfalls für den Rechtsschutz Betroffener unerheblich sein könnten[30], die Unbeachtlichkeit eher die Ausnahme bildete, hat sich die Unbeachtlichkeit von Abwägungsfehlern heute zum Regelfall entwickelt. § 214 Abs.3 Satz 2 BauGB und das Planungsvereinfachungsgesetz 1993[31] markieren den gesetzlichen Weg, eine Reihe von Entscheidungen des Bundesverwaltungsgerichts[32] den der Rechtsprechung. Ob sich das statistisch an den durch die Rechtsprechung entschiedenen Fällen belegen lässt, muß hier offen bleiben. Aus der anwaltlichen Beratung der letzten zehn Jahre ist mehr aber eine zunehmende Tendenz erinnerlich, von der gerichtlichen Geltendmachung von Abwägungs-fehlern abzusehen.

IV. Fazit

Bleibt aus der hier zugrunde zu legenden Perspektive festzuhalten: Stets erfreulich ist die Kürzung, noch erfreulicher die öffentliche Zugänglichkeit der Planfeststellungs-Richtlinien. Die Kürze hat allerdings auch den Nachteil, dass sie in vielen Bereichen dazu führt, dass lediglich der gekürzte Gesetzesinhalt wiedergegeben wird. Vielleicht

---

[28] Urteil vom 14.11.2000 – 11 A 31.00 -.
[29] vgl. zu dem Gedanken als allgemeinen planerischen Grundsatz jetzt BVerwG vom 20.2.2002 – 9 B 63.01 – juris.
[30] BVerwGE 67, 74, 77 f.
[31] vom 17.12.1993, BGBl. I, 2123.
[32] Vgl. u.a. BVerwGE 84, 31, 45 f; BVerwGE 100, 370, 379 f.

hätte hier in einigen Fällen ein Verweis auf den Gesetzeswortlaut mehr Inhalt erschlossen und zugleich Raum für die Aufnahme verfahrens- und materiellrechtlicher Aspekte eröffnet, die dem Gesetz nicht ohne weiteres zu entnehmen sind.

Soweit materiell-rechtliche Aspekte aus der Rechtsprechung übernommen wurden, stützt sich hierauf meine Eingangsthese, dass der Blick in erster Linie auf die Gerichtsfestigkeit der Planung gerichtet wird, weniger auf eine Planungsoptimierung/ einen allseits gerechten Interessenausgleich, der zwar nicht umfassend und schon gar nicht für den Einzelfall, jedoch in einem groben Rahmen in Planfeststellungs-Richtlinien Aufnahme finden könnte.

Der hier verfolgte Ansatz, die interessenausgleichende Funktion des Verfahrens in Planfeststellungs-Richtlinien zum Ausdruck zu bringen, erfordert in gewissem Maße eine Lösung von der traditionellen Konzeption der Planfeststellungs-Richtlinien – oder auch ihre Fortentwicklung.